나무가 말하였네 2

■ 이 도서의 국립중앙도서관 출판시도서목록(CIP)은
e-CIP 홈페이지(http://www.nl.go.kr/ecip)에서 이용하실 수 있습니다.
(CIP제어번호: CIP 2011005821)

나무가 말하였네 2

고규홍

마음산책

나무가 말하였네 2

1판 1쇄 인쇄 2012년 1월 15일
1판 1쇄 발행 2012년 1월 20일

지은이 | 고규홍
펴낸이 | 정은숙
펴낸곳 | 마음산책

편집 | 심재경·배윤영·이승학·강윤정 디자인 | 정은화·이혜진
마케팅 | 권혁준·이연실 경영지원 | 박해령

등록 | 2000년 7월 28일(제13-653호)
주소 | 서울시 마포구 서교동 395-114 (우 121-840)
전화 | 대표 362-1452 편집 362-1451   팩스 | 362-1455
홈페이지 | http://www.maumsan.com
전자우편 | maum@maumsan.com

ISBN 978-89-6090-122-3 03810

* 책값은 뒤표지에 있습니다.

나무는 스스로 제 사랑을 찾아 나설 수 없기에
그리움으로 생명의 샘을 채운다.
나무가 서 있는 그곳에
첫사랑의 기운이 팽창하는 건 그래서다.

□ 책을 내면서 □

나무로 지은 언어의 사원에서

　목련 꽃 피어날 즈음이면 목련을 노래한 시가 담긴 오래된 시집 한켠에서 꽃향기가 은은하게 배어 나왔다. 낡은 시집을 펼쳐놓고 한참 동안 꽃노래를 불렀다. 곧바로 목련 꽃을 찾아 들로 산으로 나섰다. 그곳에 사람과 나무가 어우러지는 생명의 노래가 있었다. 사람과 나무와 시詩를 함께할 수 있는 행복한 순간들이었다.
　시 속의 나무들과 함께한 나날의 흔적을 『나무가 말하였네』 첫 권으로 펴내고, 누구보다 내가 좋았다. 가까이에 두고 나무가 말하는 천년 세월의 이야기를 들을 수 있어 좋았다. 나무를 찾아 길 떠나기 전에 나무의 내음, 사람의 향기를 기웃거릴 한 권의 책을 곁에 둘 수 있어 행복했다.
　나무의 노래가 담긴 책을 베개맡에 두고 잠든 날은 나무 꿈을 꾸었다. 꿈속에서 나무는 말하였다. 대개는 달콤하게 속삭였지만, 어떤 때에는 견디기 힘들 만큼 큰 슬픔을 전하며 통곡

하는 나무도 있었다. 더러는 온밤을 새우며 나뭇가지를 붙들고 신명 나는 춤을 추기도 했다.

그러나 얄궂게도 이른 아침, 잠에서 깨어나면 그리 선명하게 피어나던 나무의 이야기는 산산이 부서져 흩어졌다. 춤추며 손을 잡아주던 나뭇가지의 느낌도 하나 남지 않고 사라졌다. 밤새 이야기를 나누던 나무를 찾아 길 위에 오른 건 자연스런 순서였다.

길 위에 흩어지는 나무의 노래를 듣자던 한 선생님은 '나무가 말하였고, 그의 말을 전해주는 나무 대변인'이라고 나를 치켜세웠다. '나무 대변인'이라는 호칭이 분에 넘쳤다. 가슴이 두근거렸다. 나무들이 눈에 아른거렸고 그들에게 미안했다. 숱하게 많은 이야기를 들려주었거늘, 언제나 그들의 아름다운 이야기를 온전히 전하지 못한 청맹과니임을 아는 까닭이다. '나무 대변인'이라는 이름으로 나무들에게 또 하나의 빚을 져야 했다. 아낌없이 베풀기만 하는 나무에 대한 죄이기도 했다.

시를 언어의 사원이라고 했던가? 지난 계절 그 언어의 사원에서 한 걸음도 벗어나지 않았다. 그건 아마 앞으로도 가당치 않은 일일 게다. 나무는 아주 천천히 가만가만 속살거리며 언어의 사원을 지었다. 내가 머무른 이 찬란한 사원에는 나무가 무성했다. 나무로 지은 언어의 사원이다. 그 안에서 더없이 즐거웠다. 슬픔에 겨워 걷잡을 수 없이 눈물을 쏟은 적도 있지만, 둥실 꽃구름 타고 하늘을 날아 닿을 수 없는 황홀경에 이르는 때가 더 많았다.

나무로 지은 언어의 사원에 깃들어 오독誤讀의 권리를 남용한 죄도 보탠다. 나무에, 그리고 시에 대해 첩첩 쌓인 빚과 죄를 곰곰 짚어보고, 용서를 청해야 할 참이다. 그러나 여기가 끝은 아니다. 모자란 깜냥이지만, 나무의 무한한 관용에 기대어 죽는 날까지 나무에게 길을 물을 것이다. 떠오르는 아침 해를 온 가지로 품어 안고 다시 나무가 말을 한다. 오라, 숲으로, 나무와 더불어!

나무에게, 시인에게 그리고 이 땅의 모든 자연에게 고마운 마음으로 다시 길 위에 오를 시간이다.

2012년 1월
고규홍

□ 차례 □

7 　책을 내면서

사람들 사이에 꽃이 필 때

16 　세상의 나무들 정현종
18 　한 호흡 문태준
20 　생명의 노래 김형영
24 　먼나무 박설희
26 　두 개의 꽃나무 이성복
28 　나무는 단단하다 황지우
30 　산수유나무 이선영
34 　나무와 햇볕 오규원
36 　갈대 신경림
38 　떨어진 꽃 하나를 줍다 조창환
40 　그늘 학습 함민복
42 　꽃에 대하여 배창환
46 　풀꽃 나태주
48 　밤 노래 4 마종기
50 　바람 나뭇잎 고형렬
52 　쑥부쟁이 사랑 정일근
54 　11월의 숲 심재휘
58 　나무와 하늘 토마스 트란스트뢰메르
60 　하늘 이하석

62	도라지 꽃 정한용
64	나무 성자聖者 배한봉
68	침묵 백무산
70	몸을 던지다 김형술
74	등나무 강수니
76	사람들 사이에 꽃이 필 때 최두석
78	식물도감을 던지다 이덕규

대숲 바람 소리 속에는

84	석산꽃 박형준
86	메타세쿼이아 정한아
90	무화과 이은봉
92	투구꽃 백미혜
94	연잎―만남의 신비 김영무
96	나무의 수사학 1 손택수
100	모감주나무 온형근
102	미루나무 연가 고재종
106	멸종에 관한 단상 한영옥
108	가을 숲 속에서 김일영
110	낙엽―멀구슬나무 김윤숙
112	대숲 바람 소리 송수권

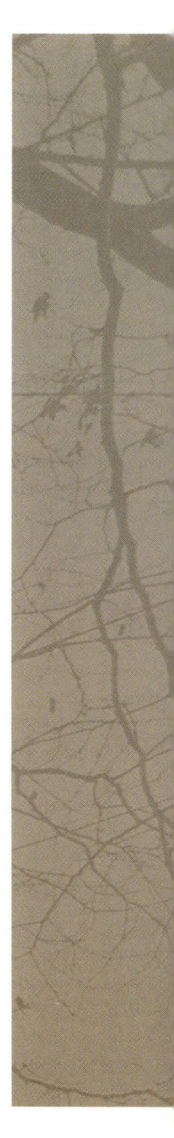

116 우리나라 꽃들에겐 김명수
118 롱 테이크 김요일
120 달개비 꽃 박종국
122 상수리나무 최동호
124 그리운 찔레꽃 하순명
128 미시령 노을 이성선
130 연꽃 오세영
132 물푸레나무 김태정
136 무궁화 이백
138 그 섬의 이팝나무 김선태
140 그게 배롱나무인 줄 몰랐다 김태형
144 작은 풀꽃 박인술
146 자귀나무 아래까지만 권현형
148 회화나무 그늘 이태수
152 고딕 숲 송재학
154 허화虛花들의 밥상 박라연

기다려온 꿈들이 필 듯 말 듯

158 누가 우는가 나희덕
162 들국화 곽재구
164 시월 이문재

166　흔들릴 때마다 한잔 감태준

168　능소화 문성해

170　나이테를 위한 변명 나석중

174　어디서 또 쓸쓸히 최승자

176　감나무에서 감잎 지는 사정을 오태환

178　꿈꾸는 가을 노래 고정희

180　가을 하늘 김광규

182　오동나무 안에 잠들다 길상호

186　나무의 철학 조병화

188　단식하는 광대 진은영

190　나와 나무와 조향미

192　순례 박진성

196　허공이 키우는 나무 김완하

198　벼락 키스 김언희

200　입추 조운

202　새 옷 입는 법 문정희

206　고향으로 돌아가자 이병기

208　낙엽 안경라

210　11월 김남극

212　석남사 단풍 최갑수

214　나무 이형기

216　순간의 거울 2―가을 강 이가림

220　봄, 여름, 가을, 겨울 이경임

222　천년 수도승 여자영

■ 일러두기

1. 〈중앙일보〉「시가 있는 아침」을 바탕으로 저자가 새롭게 추리고 엮은 책입니다.
2. 식물의 학명은 『대한식물도감』(이창복, 향문사, 2003)의 표기법을 기준으로 했습니다. 단, 이 도감에 나오지 않는 외국 식물의 경우, 영국왕립원예협회(The Royal Horticultural Society)의 표기법을 따랐습니다.
3. 재수록 허가를 받지 못한 일부 시들은 저작권자가 확인되는 대로 정식 동의 절차를 밟겠습니다.

사람들 사이에 꽃이 필 때

세상의 나무들

정현종

세상의 나무들은
무슨 일을 하지?
그걸 바라보기 좋아하는 사람,
허구한 날 봐도 나날이 좋아
가슴이 고만 푸르게 푸르게 두근거리는

그런 사람 땅에 뿌리내려 마지않게 하고
몸에 온몸에 수액 오르게 하고
하늘로 높은 데로 오르게 하고
둥글고 둥글어 탄력의 샘!

하늘에도 땅에도 우리들 가슴에도
들리지 나무들아 날이면 날마다
첫사랑 두근두근 팽창하는 기운을!

구상나무 *Abies koreana*
한라산, 지리산, 덕유산 지역에서 자라는 늘 푸른 바늘잎나무로, 전나무, 분비나무와 친척이다. 서양에서는 '한국전나무'라고 부르기도 한다. 수형이 아름다워 풍치수風致樹로 사랑받는다.

세상의 나무들은 늙어가며 더 아름다워진다. 나무의 몸엔 늙어도 쇠하지 않는 탄력이 가득하다. 하늘 향해 곧추선 줄기는 수액으로 촉촉하다. 줄기 안에 든 생명의 샘은 마르지 않는다. 나무는 스스로 제 사랑을 찾아 나설 수 없기에 그리움으로 생명의 샘을 채운다. 나무가 서 있는 그곳에 첫사랑의 기운이 팽창하는 건 그래서다. 나무 앞에선 하늘도 땅도 사람도 푸르게 푸르게 두근거린다. 남녘의 한라산에는 우리 땅에서만 자라는 구상나무가 뿌리를 내렸다. 구름을 이고, 나무는 이 땅의 사람들을 그리워한다. 나무의 그리움 따라 사람 사는 세상에 첫사랑의 기운이 팽창한다.

한 호흡

문태준

꽃이 피고 지는 그 사이를
한 호흡이라 부르자
제 몸을 울려 꽃을 피워내고
피어난 꽃은 한 번 더 울려
꽃잎을 떨어뜨려버리는 그 사이를
한 호흡이라 부르자
꽃나무에게도 뻘처럼 펼쳐진 허파가 있어
썰물이 왔다가 가버리는 한 호흡
바람에 차르르 키를 한 번 흔들어 보이는 한 호흡
예순 갑자를 돌아 나온 아버지처럼
그 홍역 같은 삶을 한 호흡이라 부르자

금꿩의다리 *Thalictrum rochebrunianum*

보랏빛 꽃을 피우는 우리 토종의 여러해살이풀이다. 길쭉이 솟아오른 가늘한 가지를 보고 꿩의 다리가, 꽃술의 노란빛에서 금빛이 떠올라 '금꿩의다리'라는 예쁜 이름이 붙었다.

숲 속 오솔길에 여린 줄기가 올라왔다. 애처로울 만큼 가늘다. 바람 없어도 제 무게를 못 이겨 하염없이 흔들린다. '금꿩의다리'. 예쁜 꽃은 그래서 무리 지어 자란다. 서로를 의지해 피어나려는 심사인 게다. 가지 끝에 맺힌 순한 보랏빛의 꽃봉오리가 홍역처럼 긴 숨을 들이쉰다. 스치는 바람 따라 큰 숨 내쉬며 꽃잎을 활짝 펼친다. 헤아릴 수 없이 많은 노란 꽃술이 기지개를 켜고 숨을 멈춘다. 참았던 숨을 뱉어내고 꽃이 시든다. 고독하지만 격렬했던 한 호흡은 그렇게 완성된다. 잦아든 꽃의 숨결이 가느다란 줄기 안으로 스며든다. 꽃송이를 감돌던 침묵이 앙금 되어 가라앉는다.

생명의 노래

김형영

무심코 꽃잎을 들여다보다가
나는 깜짝 놀랐습니다.
꽃잎이 오물오물 속삭이는 거예요.
뭐라고 속삭였냐구?

당신도 한 번은 들었을 텐데요.
언젠가 처음 엄마가 되어
아기와 눈을 맞췄을 때
옹알거리는 아기의 생각,
본 적 있지요?
그 기쁨은 너무 유쾌해서
말문을 열 수가 없었지요?

어떤 시인이
그 순간을 표현할 수 있을까요.
그날 꽃잎의 속삭임은
안 보이는 것을 본 놀라움이었지요.

너도 없고 나도 없는
두 영혼의 꽃 속에서의 만남,
그건 생명의 노래였습니다.

크로커스 재배종 *Crocus* CV.

크로커스는 10센티미터쯤 되는 작은 키지만, 이른 봄에 피는 꽃송이가 탐스러워 눈에 잘 띄는 예쁜 풀꽃이다. 흰색뿐 아니라, 노란색, 보라색 등 다양한 종류의 꽃이 있다.

풀꽃 송이가 말을 건다. 사람의 언어가 아니기에 그들의 말은 마음으로 바라보아야 한다. 순간적으로 건네오는 그들의 이야기를 들으려면 오래 기다려야 한다. 짧은 순간이지만, 오랜 기다림과 설렘이 전제된 찰나다. 순백의 크로커스 작은 꽃이 말문을 열었다. 영락없이 아가의 옹알이를 닮았다. 처음 엄마가 된 당신의 오랜 기다림 앞에 아가가 건네온 옹알이다. 한눈에 다 읽지 못해도 옹알이에 담긴 뜻은 한없이 유쾌하다. 꽃도 그렇다. 언어로 표현되지 않는 생명의 노래를 속삭인다. 오래 바라보는 사람에게만 보여주는 노래다. 순수한 영혼의 만남, 소리 없는 아우성이다.

먼나무

박설희

바로 코앞에 있는데 먼나무
뭔 나무야 물으면 먼나무

쓰다듬어봐도 먼나무
끼리끼리 연리지를 이루면 더 먼나무

먼나무가 있는 뜰은 먼뜰
그 뜰을 흐르는 먼내

울울창창
무리지어서 먼나무

창에 흐르는 빗물을 따라
내 속을 흘러만 가는

끝끝내
먼나무

먼나무 *Ilex rotunda*
감탕나뭇과의 먼나무는 주로 제주도에서 자라는 토종 상록수다. 수형이 아름다워 풍치수로
많이 심어 키우는데, 늦가을에 맺는 빨간 열매가 매혹적이다.

"나무를 아는 것은 느끼는 것의 절반만큼도 중요하지 않다"라고 레이첼 카슨이 말했다. 알기보다는 느껴야 한다. 사철 푸른 잎을 떨구지 않는 먼나무가 건네는 생명의 아우성에 귀 기울이고, 그의 싱그러움을 느껴야 한다. 알려고만 하면 나무는 다가오지 않는다. 내 속을 흐르는 빗물과 나무 속을 흐르는 수액이 하나의 소리로 만나는 날, 비로소 나무는 내 안으로 들어온다. 그래도 먼나무는 멀다고만 한다. 이성으로도 감성으로도 끝내 멀리 있겠다는 듯. 먼나무라니……, 얄궂다. 그래서 나무에 한 발짝 가까이 다가선다. 여름의 푸르름이 먼나무의 푸른 잎에 담겼다. 가깝지만 먼 나무다.

두 개의 꽃나무

이성복

　당신의 정원에 두 개의 꽃나무가 있었습니다 하나는 잎이 예뻤고 다른 하나는 가지가 탐스러웠습니다

　당신은 두 개의 꽃나무 앞에서 서성거리는 나를 보고 그 중 하나는 가져가도 좋다고 하셨습니다

　나는 두 개의 꽃나무 다 갖고 싶었습니다 하나는 뜰에 심고 다른 하나는 문 앞에 두고 싶었습니다

　내 다 가져가면 당신의 정원이 헐벗을 줄 알면서도, 허전한 당신 병드실 줄을 알면서도……

　당신의 정원에 두 개의 꽃나무가 있었습니다 두 개의 꽃나무 사이, 당신은 쓸쓸히 웃고만 계셨습니다

동백나무 품종 *Camellia japonica* 'Conrad Hilton'
꽃이 아름다워 정원수로 키우는 동백나무는 세계적으로 다양한 품종이 있다. 꽃빛도 자줏빛부터 보라, 분홍, 하양 등이 있다. 심지어 꽃잎에 무늬가 있는 품종도 있다.

꽃 아니어도 동백나무는 사랑받는 나무다. 꽃 아름답기로 동백꽃만 한 나무 없지만, 사철 푸른 잎도 매혹적이다. 햇살 닿으면 도톰한 잎 표면에는 윤기가 자르르 흐른다. 가만히 바라보면 정원의 나무에는 사람의 향기가 손에 잡힐 듯 다가온다. 사람의 손길을 따라 정원에서 자라는 나무라면 더 그렇다. 나무가 시들면 사람도 병들고, 나무가 떠나면 사람이 보고 싶어진다. 나뭇가지 하나 휘청이고, 잎 위에 햇살 반짝이니, 숨 막힐 듯 떨어진 동백꽃이 떠오른다. 고향의 동백꽃 잊지 못하는 아름다운 사람 하나, 따라서 그립다.

나무는 단단하다

황지우

사시사철 나무는 물질이다
나무는 단단하고 무표정하다
거무튀튀한 껍질은 무언가 맘에 안 든다는
무언가 거부하고 있는 듯한 기분 나쁜 표정이다
인상 팍 쓰고, 나무는 사시사철……, 화해가 필요하다
나무는 억세고, 거칠다
기분 나쁘다 나무는, 원색적이다
나무는 굶주려 있다
부르터지도록 나무는 공기, 먼지, 소음, 냄새,
흙을 빨아먹는다
타는 갈망이 나무를 푸르게, 푸르게 한다
푸르른 나무는 나무의 色이다
잠시, 나무는 精神이 든다

소사나무 *Carpinus turczaninovii*
서목西木이라 부르는 서어나무와 가까운 관계이면서 잎이 작아 소서목小西木이라고도 부르는
소사나무는 가지 펼침이 수려해 조경수로 많이 심어 키운다.

이 땅에 나라를 처음 열고 하늘에 제를 올린 강화도 마니산 참성단에는 나무가 한 그루 있다. 마치 누가 일부러 심은 것처럼 제단 바로 옆에 오도카니 선 파수꾼 모양으로 수백 년을 살아온 소사나무다. 산꼭대기에서 비 가림막 없이 눈비 맞았고, 손잡아줄 동무도 없이 바람을 이겨냈다. 단단하게 뿌리 내린 나무는 웃자라지 않아 단아하다. 거무튀튀한 줄기의 나무는 하늘 향한 갈망으로 푸르게 푸르게 살았다. 바람에 찬 기운 들어차니, 나무의 푸른빛이 절정이다. 하늘과 사람을 화해로 이끄는 듯하다. 나무도 사람도 정신이 번쩍 든다.

산수유나무

이선영

처음부터 그는 나의 눈길을 끌었다
키가 크고 가느스름한 이파리들이 마주보며 가지를 벋어 올리고 있는 그 나무는
주위의 나무들과 다르게 보였다
나는 걸음을 멈추고 그를 바라보기 위해 잠시 서 있었다
그의 이름은 산수유나무라고 했다
11월의 마지막 남은 가을이었다
산수유나무를 지나 걸음을 옮기면서 나는 이를테면 천 년 전에도
내가 그 나무에 내 영혼의 한 번뜩임을 걸어두었으리라는 것을 알았다
이것이 되풀이될 산수유나무와 나의 조우이리라는 것을
영혼의 흔들림을 억누른 채 그저 묵묵히 지나치게 돼 있는 산수유나무와 나의 정해진 거리이리라는 것을

산수유나무를 두고 왔다 아니
산수유나무를 뿌리째 담아들고 왔다 그 후로 나는
산수유나무의 여자가 되었다

다음 생에도 나는 감탄하며 그의 앞을 지나치리라

산수유 *Cornus officinalis*
노란색 꽃으로 봄을 알리는 갈잎나무로, 가을에 낙엽이 떨어진 뒤 빨갛게 맺히는 열매도 예쁘다.
열매는 잘 말려서 남자의 건강에 좋은 한약재로 쓴다.

샛노란 봄꽃 그리워 늦가을 햇살이 길 위에 나섰다. 햇살을 반기는 건 꽃 진 자리에 맺힌 산수유 열매다. 초록의 잎사귀도 모두 내려놓았다. 가을 깊어지면 길섶에서 만나는 나무들의 이름을 알아내기 어려워 안절부절못하게 된다. 제 이름을 드러내는 꽃도 잎도 없는 까닭이다. 열매에 제 이름을 선명하게 새긴 산수유가 돋보이는 건 당연한 일이다. 언제까지라도 이름을 불러줄 누군가가 그리워, 나무는 열매를 빨갛게 키운 게다. 십일월의 마지막 남은 가을빛을 담은 산수유 열매 앞에서 '산수유의 여자'가 된 시인의 깊은 숨에 거룩한 생명의 노래가 들어 있다. 나무 앞에서 다음 생을 그리는 그이의 생명 예찬이 아름답다.

나무와 햇볕

오규원

산뽕나무 잎 위에 알몸의 햇볕이
가득하게 눕네
그 몸 너무 환하고 부드러워
곁에 있던 새가 비껴 앉네

뽕나무 *Morus alba*

누에의 먹이를 얻기 위해 키우는 나무다. 누에는 농경 문화권에서 귀한 재산으로 여기던 비단의 원료이다. 뽕나무의 열매 '오디'는 다양한 영양소를 가진 좋은 먹을거리이기도 하다.

사람 들지 않는 깊은 숲에 숨어서 자란 산뽕나무의 여린 잎 위에 햇볕이 살짝 드러누웠다. 산뽕나무 가지 위로 나들이 나온 한 마리 어린 새도 비껴 앉아야 할 여린 햇살이다. 누에가 좋아하는 뽕잎이다. 뽕잎으로 누에를 살찌우는 산 아래 농촌 마을에선 뽕나무를 심어 키운다. 저절로 자라게 놔두면 크고 우람하게 자라는 이 나무의 이름은 왜 하필 '뽕'일까? 이름만으로도 입가에 웃음기가 번진다. 줄지어 선 뽕나무에 잎이 무성해지면 동네 처녀, 총각이 밀회를 즐기기에 알맞춤해서 남녀상열 男女相悅의 상징으로도 쓰인다. 뽕나무는 실제 모습보다 왜곡된 이미지가 더 많은 나무다. 복제의 복제만 남고, 실재는 사라졌다. 장 보드리야르의 시뮬라크르다.

갈대

신경림

언제부턴가 갈대는 속으로
조용히 울고 있었다.
그런 어느 밤이었을 것이다. 갈대는
그의 온몸이 흔들리고 있는 것을 알았다.

바람도 달빛도 아닌 것
갈대는 저를 흔드는 것이 제 조용한 울음인 것을
까맣게 몰랐다.
— 산다는 것은 속으로 이렇게
조용히 울고 있는 것이란 것을
그는 몰랐다.

갈대 종류 *Cortaderia selloana* 'Sunningdale Silver'
가을에 갈색 꽃을 피우는 갈대는 습한 지역에서 자란다. 꽃이삭이 성글게 모여서 피어나는 게 억새와 비슷하지만, 하얀 꽃을 촘촘히 피우는 억새와는 다른 식물이다.

바람 불고 갈대꽃 올라온다. 두려움 없이, 거침없이 하늘로 뻗어 오른 갈대의 온몸이 흔들린다. 바라보는 사람의 고개까지 흔들 기세다. 손에 잡힐 듯한 달빛을 품어 안은 갈대꽃이 파란 하늘을 비질하듯 하늘거린다. 그게 울음이었음을 처음엔 갈대도 몰랐다. 바라보는 사람도 고개만 주억거릴 뿐, 슬픔의 힘으로 흔들린다는 건 몰랐다. 모든 생명에는 저마다의 크기에 맞춤한 울음이 담겼다. 가슴속 갈피에서 꺼낸 사람살이의 고단함이 소슬바람 마주하고 흔들린다. 이제 바람 찬 가을이다.

떨어진 꽃 하나를 줍다

조창환

떨어진 꽃 하나를 주워 들여다본다
밟히지 않은 꽃잎 몇 개는 나긋나긋하다
꽃잎 하나를 따서 가만히 비벼보면
병아리 심장 같은 것이 팔딱팔딱 숨쉬는
소리 따뜻하고, 손가락 끄트머리가
아득하다 안개 속의 섬처럼, 혹은
호수에 잠긴 절 그림자처럼

떨어진 꽃 하나를 주워 들여다보는
아침 뜨락에 햇빛 가득하고
어디서 만년설 무너지는 소리
울린다 가을 잎들이
백지 같은 바람 속에서 마구 흔들리고
벌레들이 소스라친다

동백나무 *Camellia japonica*
동백나무는 싱그러운 채 후드득 떨어지는 낙화의 순간이 인상적인 나무다. 대개는 상서롭게
여기지만, 급작스러운 낙화를 불길한 징조로 여기는 지방도 있다.

낙화가 개화보다 아름다운 꽃이 있다. 동백꽃이다. 동백꽃 낙화는 고요의 허공을 가르며 벼락처럼 내리치는 찬란한 파국이다. 노란 꽃술을 보듬고 무너앉는 동백 꽃송이의 추락은 숨 막힐 듯 황홀하다. 숨죽이고 동백 숲 안에 들어서서 그의 낙화에 귀 기울이면 순간적으로 숨이 멎는다. 옴짝달싹 못하는 심장 속으로 생명의 박동이 파고든다. 꽃과 흙이, 사람과 나무가 하나 되는 찰나다. 동백꽃 빨갛게 피워 올릴 겨울이 다가온다. 다시 이 땅에 봄 오면 떨어진 동백 꽃송이 하나 주워 들고 병아리 심장처럼 팔딱이는 생명의 박동을 들어야겠다. 가을비 찬바람에 동백 꽃봉오리가 꼬물꼬물 부풀어 오른다.

그늘 학습

함민복

뒷산에서 뻐꾸기가 울고
옆산에서 꾀꼬리가 운다
새소리 서로 부딪히지 않는데
마음은 내 마음끼리도 이리 부딪히니
나무 그늘에 좀 더 앉아 있어야겠다

느티나무 *Zelkova serrata*
줄기 껍질이 벗겨지는 특징이 있는 느티나무는 늙은 느낌을 준다 해서 '늙은 티를 내는 나무'라고 하다가 '느티나무'라는 새 이름으로 굳어졌다.

잘 자란 느티나무 한 그루에는 오백만 장의 잎이 달린다. 벌레에게 양분을 나눠주고 구멍 난 잎, 덜 자란 앙증맞은 이파리, 통통하게 물오른 잎사귀. 제가끔 서로 다른 잎이 겹겹이 쌓이고 엉키며 그늘을 지어낸다. 농담濃淡과 심천深淺이 있는 흰 그늘이다. 가장 밝은 어둠에서 가장 어두운 밝음까지, 빛의 흐름이 춤춘다. 바람 따라 오백만 장의 잎이 살랑이며 짙은 그늘을 지었다가, 이내 흩어지며 옅은 그림자를 짓는다. 움직이는 빛을 품은 그림자. 다른 모든 생명을 품어 안는 생명체의 너그러움이 싱그럽다. 가늣하게 스치는 산들바람 따라 새소리 스며든다. 나무 그늘은 살아 숨 쉬는 모든 생명의 쉼터다. 언제나 부딪히는 사람의 마음도 잦아드는 안식처다.

꽃에 대하여

배창환

열 살 때 나는
너를 꺾어 들로 산으로
벌아 벌아 똥처라 부르면서
신이 났다.
그때 나는 어린 산적이었다.

내 나이 스물에
꽃밭에서 댕댕 터져오르는 너는
죽도록 슬프고 아름다웠다.
사랑하는 사람이 있었기 때문이다.

나이 서른에 너의 아름다움은
살아 있는 민중의 상징이었다.
사람들과 어울려 사는 법을 배웠기 때문이다.
나도 네 속에 살고 싶었다.

마흔 고개 불혹이 되어서도
나는 아직 너를 모른다.

어디서 와서 어디로 가는지
그러면서 흩어지는 까아만 네 씨앗을 보고 있다.

나는 알 수 없다.
쉰이 되고 예순을 넘겨
천지 인간이 제대로 보일 때가 되면
나는 너를 어떻게 사랑하게 될까.

필요 없는 놈은 골라내고
고운 놈만 수북이 옮겨 화분에 놓고
아침저녁으로 너를 아껴 사랑하게 될까
아니면 그냥 잡초밭에 두고
못 본 체 지나가며 사랑하게 될까.

진달래 *Rhododendron mucronulatum*
진달래는 우리 산과 들의 봄 풍경을 상징하는 대표적인 꽃이다. 척박한 환경에서도 잘 자란다.
대개는 햇볕이 강하지 않은 낮은 산의 북쪽 사면에서 잘 자란다.

돌아보면 삶의 어느 순간에도 꽃 없던 때가 없다. 개구쟁이 시절, 혀끝에 시큼한 맛으로 다가온 건 뒷동산 진달래였다. 첫사랑의 쓴맛은 소태나무 껍질에서 배웠다. 혼돈의 시대에 지친 젊은 영혼을 위로해준 노래 속에도 꽃이 있었다. 은은한 향기는 귀로 들어야 한다는 옛 선비들의 '문향聞香'의 지혜는 매화나무가 가르쳤다. 푸른 절개의 소나무를 경배하게 된 건 불혹의 나이를 넘긴 뒤였다. 한순간도 나무와 꽃은 사람살이를 떠나지 않았다. 사람이 나무를 잊었을지언정, 나무는 사람을 버리지 않았다. 늦가을의 찬바람 따라 맺힌 그의 까만 씨앗이 한없이 소중해지는 아침이다.

풀꽃

나태주

자세히 보아야
예쁘다

오래 보아야
사랑스럽다

너도 그렇다.

바위취 *Saxifraga stolonifera*
우리나라의 중부 이남에서 저절로 자라는 여러해살이풀로, 햇살이 좋으면서도 물기가 많은 땅에서 잘 자란다. 40센티미터 정도까지 자라고, 봄에 하얀 꽃을 피운다.

큰비, 센 바람에 쓰러질까, 가녀린 풀은 납작 엎드려 꽃을 피운다. 작은 풀꽃을 제대로 보려면 무릎을 꿇어야 한다. 허리를 굽히고, 고개도 숙여야 한다. 바라보는 사람 앞에 고개를 살랑이며 금방이라도 말문을 터뜨릴 듯한 하얀 풀꽃을 온전히 눈에 담으려면, 그러고도 한참 더 지나야 한다. 자디잔 바위취 꽃의 하얀 꽃잎 위 점점이 박힌 붉은 반점은 자세히 보아야 예쁘고, 젠체하며 길쭉하게 내민 두 장의 꽃잎은 오래 보아야 사랑스럽다. 알베르 카뮈가 『작가수첩』에 한 줄 메모로 남긴 '용감한 넥타이'는 꼭 이 꽃을 보고 쓴 듯한 착각이 든다. 자세히 오래 보아야 할 게 어디 풀꽃뿐이랴. 카뮈의 메모처럼 용감한 넥타이를 맨 그대의 눈동자도 오래 보아야 사랑스럽다.

밤 노래 4

마종기

모여서 사는 것이 어디 갈대들뿐이랴.
바람 부는 언덕에서, 어두운 물가에서
어깨를 비비며 사는 것이 어디 갈대들뿐이랴.
마른 산골에서는 밤마다 늑대들 울어도
쓰러졌다가도 같이 일어나 먼지를 터는 것이
어디 우리나라의 갈대들뿐이랴.

멀리 있으면 당신은 희고 푸르게 보이고
가까이 있으면 슬프게 보인다.
산에서 더 높은 산으로 오르는 몇 개의 구름,
밤에는 단순한 물기가 되어 베개를 적시는 구름,
떠돌던 것은 모두 주눅이 들어 비가 되어 내리고
내가 살던 먼 갈대밭에서 비를 맞는 당신,
한밤의 어두움도 내 어리석음 가려주지 않는다.

갈대 종류 *Cortaderia selloana* 'Sunningdale Silver'
수북이 피운 갈색 꽃이 가을바람에 끊임없이 흔들리는 모습이 인상적이어서, 세상살이에
흔들리는 인생에 많이 비유한다. 한데 모여 자란다는 것도 그렇다.

꽃 핀 갈대가 바람에 흔들린다. 다가서면 갈색 꽃이삭 부대끼는 소리가 손에 잡힐 듯 가슴 깊이 들어온다. 바람을 이끌고 일제히 고개 숙였다가, 바람 떠나기 전에 일어난다. 흔들리고 지친 생명들이 서로를 부둥켜안고 곧 추선다. 한데 모여 서로를 포근하게 덮어주기도 하고, 일으켜 세우기도 하는 갈대의 뜨거운 몸부림이 애틋하다. 어느 생명에게나 모여 사는 게 아름다울 수밖에 없는 까닭이다. 갈대꽃 스치는 가을바람에 섞인 생명의 수런거림이 가을 교향곡으로 살아 오른다. 침묵하는 생의 장엄한 아우성이다.

바람 나뭇잎

고형렬

나 오랜 옛날에 나무인 적 있었다
다른 세상의 햇살이 지나가고
치맛자락을 흔들어대는 바람이 불던 날

나 그때 나무였던 것이 분명하다
이제야 그 아련한 추억들이 수런인다
아주 낯선 강 멀리 키는 하늘에 닿아
수도 없이 돋아나오는 나뭇잎들이 되면서
나는 비로소 아주 먼 그 옛날 내가
귀여운 애기잎사귀들을 흔들어주면서
바람으로 돌아오는 나를 보았었다, 그때
나무였다는 사실을 알게 되었다
이제서야 아련한 추억들이 살아난다

파란 바람아 불어오니라 불어가니라
알려고 하는 자에게만 비밀을 일러주고
저 나뭇가지들을 흔들어주어라
나 옛날에 바람이었던 때가 즐거웠다
그때가 아름다운 때였음을 알게 되었다

소나무 *Pinus densiflora*

얼마 전 산림청 조사에 따르면, 우리나라 사람의 67퍼센트가 가장 좋아하는 나무로 소나무를 꼽았다. 우리 민족의 삶에서 떼어놓을 수 없을 만큼 친근한 나무다.

북유럽 신화에서 최고의 신 오딘은 하늘을 떠받치고 선 거대한 물푸레나무의 가지를 꺾어 남자를 빚었다. 여자는 그 곁의 느릅나무로. 신화 속 최초의 남자와 여자는 이른 아침에 장미 꽃잎 위에 피어오르는 찬연한 이슬 방울을 양식으로 살았다. 나무를 닮아 평화롭고 아름다운 삶이었다. 지금 세상살이에 흔들릴 때마다 바람에 나부끼는 나뭇잎을 바라보게 되는 건 분명 사람의 유전자에 나무의 흔적이 담긴 때문이리라. 언젠가 나무였던 사람을 생각하면서, '나무처럼 살고 싶어지는 것'도 그 까닭임이 틀림없다.

쑥부쟁이 사랑

정일근

사랑하면 보인다, 다 보인다
가을 들어 쑥부쟁이 꽃과 처음 인사했을 때
드문드문 보이던 보랏빛 꽃들이
가을 내내 반가운 눈길 맞추다 보니
은현리 들길 산길에도 쑥부쟁이가 지천이다
이름 몰랐을 때 보이지도 않던 쑥부쟁이 꽃이
발길 옮길 때마다 눈 속으로 찾아와 인사를 한다
이름 알면 보이고 이름 부르다 보면 사랑하느니
사랑하는 눈길 감추지 않고 바라보면
꽃잎 낱낱이 셀 수 있을 것처럼 뜨겁게 선명해진다
어디에 꼭꼭 숨어 피어 있어도 너를 찾아가지 못하랴
사랑하면 보인다, 숨어 있어도 보인다

쑥부쟁이 *Aster yomena*
국화과에 속하는 여러해살이풀로, 우리나라의 산과 들에서 가을이면 흔하게 볼 수 있다. 가을 들국화의 대표로 불리는 화려한 풀꽃이다.

솥발산 무제치늪 아래 은현리 들길, 산길에 쑥부쟁이가 지천으로 피어난다. 가을 나그네의 발걸음을 붙잡는 꽃이다. 머리 조아리고 나지막이 그의 이름 부르면 숨이 멎을 듯 심장이 붉게 달아오른다. 사랑하게 되니 발길 옮길 때마다 그가 다가와 인사를 건넨다. 사랑하는 눈길 감추지 않으니 그의 꽃잎도 너끈히 헤아릴 수 있다. 사랑하는 사람에게만 드러나는 생명의 조화다. 지천으로 흐드러지게 피어난 꽃송이마다 생명의 사랑법이 담겼다. 쑥부쟁이 꽃이 사랑하는 사람에게 우주의 메타포로 살아난다.

11월의 숲

심재휘

가을이 깊어지자 해는 남쪽 길로 돌아가고
북쪽 창문으로는 참나무 숲이 집과 가까워졌다
검은 새들이 집 근처에서 우는 풍경보다
약속으로 가득한 먼 후일이 오히려 불길하였다
날씨는 추워지지만 아직도 지겨운 꿈들을 매달고 있는
담장 밖의 오래된 감나무에게 작별 인사를 한다
이제 나는
숲이 보여주는 촘촘한 간격으로 걸어갈 뿐이다

여러 참나무들의 군락을 가로질러 갈 때
옛사람 생각이 났다 나무들은 무엇인가를 보여주려고
자꾸 몸을 뒤지고는 하였지만 그들이 할 수 있는 것은
길쭉하거나 둥근 낙엽들의 기억에 관한 것밖에는 없다
나는 내가 아는 풀꽃들을 떠올린다
천천히 외워보는 지난여름의 그 이름들은 그러나
피어서 아름다운 순간들에만 해당한다

가끔 두고 온 집을 돌아보기도 하지만

한때의 정처들 어느덧 숲이 되어 가는 폐가들
일찍 찾아온 저녁의 기운에 낙엽 하나가
잔 햇살을 보여주기도 감추기도 하며 떨어진다
사람들은 그 규칙을 궁금해하지만 지금은
낙하의 유연함을 관람하기로 하는 때 그리하여
나는 끝없이 갈라진 나뭇가지의 몸들을 만지며
내가 걸어가는 11월의 숲이
가장 아름답다고 생각할 뿐이다

감나무 *Diospyros kaki*
시골집 뒤란에 한 그루씩 심어 키우는 대표적인 과실수로, 무성하게 펼치는 가지도 아름답고,
널찍한 잎사귀도 풍성해서 예로부터 많이 심어 키웠다.

감나무 빨간 열매가 서서히 쪼그라든다. 가지 한가득 매달린 감을 딸 손이 모자라 까치밥으로 남았다. 겨울 식량이 넉넉해진 새들의 울음소리 흥겹지만, 깡마른 열매는 서럽다. 이루지 못한 꿈이 남아서다. 나뭇가지 사이로 스민 노을빛이 서러움을 한 겹 덧씌운다. 사람 떠난 집 뒤란에 홀로 남은 감나무의 앙상한 가지 위로 먹구름이 덮인다. 곁을 떠난 사람 그리워 나무줄기까지 붉게 상기된다. 뒤란의 고요 속에 옛 사람, 옛일이 수런수런 뒤척인다. 조롱조롱 맺힌 열매에 담긴 추억이 소리 없이 떠오른다. 다시 걸어야 할 늦가을 숲은 하릴없이 아름답다.

나무와 하늘

토마스 트란스트뢰메르

빗속에서 소요하던 한 그루의 나무,
우리를 지나쳐 쏟아지는 잿빛 속으로 질주한다.
과수원의 찌르레기처럼 나무는
빗속에서 생명을 갈무리해야 한다.

빗줄기 잦아들자 나무도 걸음을 멈춘다.
맑은 밤 깊은 적막 속의 천지에
눈꽃 피어나는 순간을 고대하는 우리처럼
나무는 고요히 기다린다.

There's a tree walking around in the rain,
it rushes past us in the pouring grey.
It has an errand. It gathers life
out of the rain like a blackbird in an orchard.

When the rain stops so does the tree.
There it is, quiet on clear nights
waiting as we do for the moment
when the snowflakes blossom in space.

왕버들 *Salix grandulosa*
굵은 가지와 넓게 펼치는 가지가 뜸직한 우리의 토종 나무로, 버드나무 종류 가운데 가장 크게
자라는 나무다. 물가를 좋아해서 물속에서도 잘 산다.

뭇 생명이 노동의 수고를 갈무리하는 계절이다. 비바람, 눈보라 맞으며 천 년 세월의 숲을 걸어 나온 나무도 한 해살이를 마무리하기 위해 걸음을 재우친다. 기우듬히 뻗친 벌판의 왕버들 나무줄기가 잠시 숨을 멈추자 천지가 고요해진다. 잿빛 적막이 내려앉은 사람의 마을에서 나무가 한 줄기 생명의 고동을 길어 올린다. 늙은 왕버들 줄기를 감도는 생명의 기운이 우렁차다. 노벨 문학상으로 다가온 스웨덴의 '말똥가리 시인'에게도 생명의 기운이 살아 오르기를 바라야겠다. 병마를 이겨내고 그가 노래해야 할 더 많은 나무가 우리 앞에 있는 까닭이다.

하늘

이하석

은행나무의 하늘이 노랗게 내려앉는다.
겨울비 오기 전 잠깐 밟아보는 푹신한 하늘.

나무 위엔 봄 여름 가을 내내 가지들이 찔러댔던 하늘이 상처도 없이 파랗다. 가지들이 제 욕망의 잎들을 떨군 다음 겨울 오기 전 서둘러 제 꿈을 바람의 실로 꿰맸기 때문이다.

은행나무 *Ginkgo biloba*
사람보다 훨씬 앞서 이 땅에 자리 잡은 나무여서 '살아 있는 화석'이라고 불린다. 멸종의 위기였던 빙하기까지 견뎌낼 만큼 생명력이 강한 나무다.

은행나무 '잎비'가 내린다. 잎비에 얹혀 소복이 내려앉은 노란 하늘이 포근하다. 잎 떨군 은행나무 가지에 닿은 가을 하늘은 구름 한 점 없이 파랗다. 은행나무가 이 땅에 자리 잡은 삼억 년 전부터 거르지 않고 되풀이한 가을 나기다. 빙하기도 지나왔고, 원자폭탄이 떨어진 죽음의 땅 히로시마에서도 살아남은 질긴 생명이다. 암수가 따로 있기에 어딘가에 서 있을 짝을 향한 그리움을 내려놓지 못했다. 늘 먼 곳을 바라보아야 겨우 사랑을 이루어 열매를 맺을 수 있는 얄궂은 운명도 은행나무의 생명을 끊지 못했다. 은행나무 잎비 맞으며 추억에 잠길 수 있는 건 나무와 더불어 살아가는 사람에게 나무가 전해준 최고의 가을 선물이다. 이 땅의 모든 생명에게 나무가 전하는 큰 축복이다.

도라지 꽃

정한용

흰 꽃이 피었습니다
보라 꽃도 덩달아 피었습니다
할미가 가꾼 손바닥만 한 뒤 터에
꽃들이 화들짝 화들짝 피었습니다
몸은 땅에 묻혀 거름이 되고
하얀 옷깃이 바람에 흔들립니다
무더기로 손 쏠립니다
수년 전 먼저 길 떠난 內子를 여름빛으로 만나
한참을 혼자 바라보던 할애비도
슬며시 보랏빛
물이 듭니다

백도라지 *Platycodon grandiflorum* for. *albiflorum*
도라지는 대개 식용으로 심어 키우지만, 꽃이 예뻐서 관상용으로도 키운다. 꽃의 색깔이 짙은 보랏빛인 것도 인상적이다. 하얀 꽃을 피우는 도라지는 따로 '백도라지'라 한다.

봉화 청량산 골짜기 암자에 깃들어 사는 스님은 봄부터 가을까지 수굿이 밭을 일군다. 손수 낸 거름을 지어 나르고 열 항아리쯤 된장도 담근다. 가을 되면 암자 곁 채소밭을 지나는 사람을 불러 세워서는 먹을 만큼 가져가라 한다. 까만 비닐봉지에 된장까지 수북이 담아준다. 지난봄에는 암자 곁 아무 데나 도라지 씨앗을 흩뿌렸다. 도라지를 캐려는 게 아니라, 예쁜 도라지 꽃이 보고 싶어서라 했다. 도라지 꽃에선 유난히 다정한 사람의 얼굴이 떠오르기 때문이기도 했을 게다. 심심산천 백도라지 소식이 궁금하다.

나무 성자聖者

배한봉

가을이 청명한 것은
불타는 잎들이 천공天空 문질러
하루 맨 처음 햇빛을 팽팽히 잡아당겼기 때문이다
깡마른 팔다리로
하늘 퉁기는
저 성자聖者들
세간 근심 무거운 자들을 위해
세상에서 가장 겸손한 자세로
바람 끝에 제 살덩이인 잎들을 풀어놓는다
얼마 있지 않아 차갑게 식을 땅에
입맞춤으로 축복을 내리는
붉은 잎들의 환한 시간
나는 이보다 더 장엄한 단청불사를 본 적이 없다
그러므로, 오래도록 햇빛에 쩔려 몸 구멍 난
마음은 피리라도 된 것일까, 바람이
소슬한 가락 띄우자 새들은
줄 없는 천상의 거문고를 탄주한다
눈부신 예감의 숲이여

나는 이제 저녁노을을 바라보아야 한다
나무 성자들은
영혼과 눈과 온 생명으로 등불을 내건다
궁핍 속에서 받쳐 든
자그마한 나뭇잎 등잔
나도 이제
내 몸의 기름으로 등잔 하나 밝혀야 하리
얽히고설킨 길 위에
단풍 든 시간이 금가루를 흩고 있을 동안

갈참나무 *Quercus aliena*
가을에 맺는 열매를 도토리라고 부르기에 '도토리나무'라고도 불리는 나무로, 굴참나무,
상수리나무, 신갈나무, 떡갈나무, 졸참나무와 함께 참나뭇과에 속하는 나무다.

땅에서 하늘 높이 솟구친 나무는 제 몸을 하늘에 온전히 내어놓는다. 가을 하늘이 맑디맑은 것은, 나무가 하늘에 닿은 나뭇가지로 부지런히 쓸어낸 까닭이다. 하늘을 비질하는 나무는 힘이 세다. 구름에 나무가 비질한 흔적이 담겼다. 나뭇잎이 붉게 물드는 건 푸른 영혼을 하늘에 덜어주어서다. 바람 끝에 날리는 낙엽은 하늘을 쓸어내며 온 힘을 다한 나무의 살덩이다. 나무는 너그럽다. 잎 떨구고 궁핍해진 나무는 온 가지에 생명의 등불을 내걸고 겨울을 날 채비에 든다. 나무의 덕을 먹고 사는 사람은 이 가을에 행복하다.

침묵

백무산

나무를 보고 말을 건네지 마라
바람을 만나거든 말을 붙이지 마라
산을 만나거든 중얼거려서도 안 된다
물을 만나더라도 입 다물고 있으라
그들이 먼저 속삭여올 때까지

이름 없는 들꽃에 이름을 붙이지 마라
조용한 풀밭을 이름 불러 깨우지 마라
이름 모를 나비에게 이름 달지 마라
그들이 먼저 네 이름을 부를 때까지

인간은
입이 달린 앞으로 말하고 싸운다
말 없는 등으로 기대고 나눈다

금영화 *Eschscholzia californica*
양귀비과에 속하는 한해살이풀로, 북아메리카의 캘리포니아 지역이 고향이어서
'캘리포니아양귀비'라고도 부른다. 초여름의 햇살 좋은 맑은 날에만 꽃잎을 연다.

이름을 알려고 조급해하지 마라, 말 건네지 말고 그저 오래 바라보기만 하라, 나무 안에 담긴 생명의 경이로움을 느끼라고 스승께서 말씀하셨다. 그들이 스스로 제 이름을 가르쳐줄 때를 기다리라고 보태셨다. 산을 만나면 중얼거리게 되고, 물을 만나면 입을 벌려 수다스러워진다. 이름 없는 들꽃의 이름을 알고 싶어 안달도 한다. "세상의 모든 꽃은 단 한 번만 핀다"라고 했던 시인은 말한다. 입으로 말하는 사람의 앞은 공격적이다. 말도 안 하고, 보지도 않는 등 뒤는 언제나 무방비의 평화다. 지금은 작은 들꽃 송이 아래 납작 엎드려 하늘만 쳐다보고 청맹과니가 돼야 할 시간이다.

몸을 던지다

김형술

꽃의 근원은 지상이 아니다

물줄기를 찾아
어두운 땅 깊숙이 흰 실뿌리를 내리는 일
비와 이슬과 안개로 몸피를 키우는 일
아름답지만

꽃의 자리는 허공이 마땅하다

바람의 때를 기다려
제 스스로 바람이 되어
가볍게 꽃대궁을 떠나
허공에 몸을 던져 이룩하는

완벽한 자유
목숨의 완벽한 완성

꽃을 바라보는 일

지상의 모든 꽃을 사랑하는 일은
그 찰나의 떨림을 보는 일

온 가슴으로 그 떨림을 안는 일

나머지는
천지간을 떠도는 시간의 몫으로
남겨두고

맥문동 *Liriope platyphylla*

양달보다 응달을 좋아하는 백합과의 여러해살이풀로, 초가을에 피우는 보랏빛 꽃이 화려하고 겨울에도 초록빛 잎을 간직해서 키 큰 나무 주변에 심어 키운다.

아파트 단지의 화단에서 맥문동이 보랏빛 꽃을 피웠다. 한 사내가 봄부터 기울인 정성이 피어난 것이다. 사내는 햇살 들면 거름을 치고, 비 오면 물길을 냈다. 바람 불면 사내도 바람 되어 함께 흔들렸다. 허공에서 이룬 맥문동의 개화를 사내가 경비실 창문으로 그윽하게 바라본다. 꽃이 지어낸 찰나의 떨림 따라 사내의 눈망울도 흐뭇이 떨린다. 한 해 살림을 다 이뤘다는 안도다. 지상의 모든 꽃을 사랑하는 일이고, 온 가슴으로 그 찰나의 환희를 끌어안는 일이다. 아파트 단지가 보랏빛으로 타오른다.

등나무

강수니

잘 정돈된 양로원 넓은 정원 한켠
백 년도 족히 넘었다는
하늘 덮은 푸른 등나무
몸부림치며 엉켜서 하늘을 밀어 오르고 있다
땅 가까이 밑둥 속은 전부 삭아내려 끊어질 듯 아슬아슬한데
한 뼘 넓이 껍질로 푸른 집 한 채 지키고 있다
목숨이 끝날 때까진
삶의 의미라는 듯
저 나이에

유학비에 삭아 내린 허리가 등나무 같은 그녀
성공했단 소문 후 소식 없는 아들
포기되지 못하는 자식 자랑처럼
날마다 새순으로 허공에 뻗으며
오늘은 등꽃마저 내건다

등 *Wisteria floribunda*
흔히 '등나무'라고 부르지만 식물학에서는 '등'으로 표기한다. 홀로 서지는 못해도 다른 나무의
양분을 빼앗지 않고 스스로 광합성을 하며 자란다.

등나무 새순이 허공 속으로 가늣한 손을 뻗었다. 한 뼘의 가는 줄기조차 곧게 서지 못하는 등나무 덩굴이 견고하게 가로막힌 허공으로 돌진한다. 허공을 맴도는 가느다란 덩굴 위에 숨죽이며 새싹이 돋아난다. 하늘거리는 생명의 몸짓으로 허공에 깃든 적막이 무너앉는다. 바람이 키우고, 허공이 부양한 덩굴순으로 숲이 요동친다. 줄기는 삭아 내릴 듯 가늘어도 덩굴은 하늘을 밀어 올리고 허공에 아름다운 집 한 채 지어낸다. 봄 오면 다시 푸른 잎으로 무성한 그늘 아래 보랏빛 꽃 늘어뜨릴 꿈도 피어오른다. 덧없이 돌고 도는 한 오라기 삶이 가을바람에 하늘거린다.

사람들 사이에 꽃이 필 때

최두석

사람들 사이에 꽃이 필 때
무슨 꽃인들 어떠리
그 꽃이 뿜어내는 빛깔과 향내에 취해
절로 웃음 짓거나
저절로 노래하게 된다면

사람들 사이에 나비가 날 때
무슨 나비인들 어떠리
그 나비 춤추며 넘놀며 꿀을 빨 때
가슴에 맺힌 응어리
저절로 풀리게 된다면

뻐꾹나리 *Tricyrtis macropoda*

우리나라 특산 여러해살이풀로, 산기슭에서 잘 자란다. 짙은 자줏빛 반점을 가진 여섯 장의 꽃잎과 평평하게 뻗은 수술대가 독특한 풀꽃이다.

아침 숲에서 뻐꾹나리 꽃 앞에 쪼그려 앉았는데, 서울 지하철 6호선 삼각지역 안에서 꽃사과나무 꽃이 피었다는 문자메시지가 도착했다. 3호선 압구정역에선 배롱나무꽃이 피었단다. 메시지는 이어진다. 4호선 서울역엔 석류가 맺혔고, 돈암역에선 목련이 진단다. 생뚱맞은 메시지에 꽃멀미가 인다. 차가운 스크린도어에 얹힌 따뜻한 시를 읽은 동무의 메시지다. 표정 없는 군중 사이에서 흔들리며 전화기 버튼을 누른 동무가 고맙다. 박각시나방 한 마리가 뻐꾹나리 꽃을 떠나지 않고 오래 머무른다. 지하철에 몸을 싣고 휘청거릴 동무에게 박각시나방의 날갯짓을 답장으로 보낸다.

식물도감을 던지다

이덕규

해마다 봄이 되면 어김없이 들판에는 참 많은 꽃들이 피어나지만 그 이름들을
낱낱이 아는 이는 우리 동네엔 아무도 없었다

그저 씨 뿌릴 즈음에 피었다가
가을걷이 추수철이면 앙상한 꽃대들이 말라비틀어질 뿐,
더러는
사람들이 그 꽃 핀 자리에 털썩 주저앉아 들밥을 먹고
더러는 쇠똥에도 눌려 주저앉고 억센 맨발에 짓이겨져도 그것들은
늘 거기에 피었다가 지고 말 뿐

어느 누가 그 이름을 불러
아름답다거나 남루하다거나 신비롭다 하는 말을 했던가,
있는 듯 없는 듯이
서로에게 불러줄 이름이 없던 그 시절부터 맛 달고 향기로운 꽃 찾아 따 먹으며
나 여기까지 흘러왔느니 누구 하나 내게 그 이름 들려준

적 없고
  너희들 이름 불러본 적 없었다
  들꽃들아! 네 이름을 모르고 간 사람들
  오늘 다시 이 외진 들길마다 못다 한 말 못다 한 울음 저토록 많은 씨알 속에서 터져 오르는데

  저마다 아름답고 신비롭고 남루한 서러움의 향내 돌아 그렁그렁한 눈빛들 맞추고 바라보면
  아―하, 늦저녁 들판에서 돌아오는 지친 암소 발굽에 쓰러지면서도 이른 저녁 별들에게
  기꺼이 손 흔들어주던 낯익은 얼굴들,
  통성명도 없이……, 너희들 이름을 내가 너무 많이 알아버리고 말았구나

국화 *Chrysanthemum morifolium* 재배종
서리 내릴 즈음에 피는 꽃으로 이른바 오상고절(傲霜孤節)의 상징이다. 옛 선비들은 매화, 난초, 대나무와 함께 사군자로 귀하게 여겼다.

바람결에 겨울의 기미가 들었다. 꽃들이 한해살이를 마무리하고 겨울잠에 들 시간이다. 기다리는 사람 없어도 봄이면 피고, 겨울바람 불어오면 시들어 떨어지는 게 꽃의 운명이다. 시골 아낙의 부르튼 맨발에 짓이겨지는 남루도, 들일 마치고 돌아오는 암소의 발굽에 뭉개지는 치욕도 온전히 들꽃의 운명이다. 그의 이름 부르기 위해 식물도감 뒤적일 필요는 없다. 노랑 꽃, 분홍 꽃, 빨강 꽃이어도 괜찮다. 이름을 일일이 알 수 없어도, 꽃 없는 봄 들녘, 낙엽 없는 가을 산길이 견딜 수 없이 적막하다는 것은 분명히 안다. 그러면 됐다. 밖에 바람이 분다. 식물도감 덮어놓고 꽃처럼 내게 주어진 삶을 살아야겠다.

대숲 바람 소리 속에는

석산꽃

박형준

한 몸속에서 피어도
잎과 꽃이 만나지 못해
무덤가에 군락을 이룬다

당신이 죽고 난 뒤
핏줄이 푸른 이유를 알 것 같다
초가을
당신의 무덤가에 석산꽃이 가득 피어 있다
— 나는 핏줄처럼
당신의 몸에서 나온 잎사귀

죽어서도 당신은
붉디붉은 잇몸으로 나를 먹여 살린다
석산꽃 하염없이 꺾는다
꽃다발을 만들어주려고
꽃이 된 당신을 만나려고

석산 *Lycoris radiata*

정원을 꾸미기 위해 관상용으로 심어 키우는 여러해살이풀로, 일본이 고향이다. 선명한 자줏빛 꽃잎 바깥으로 길쭉하게 뻗는 가느다란 수술은, 한 송이에 여섯 개씩 돋는다.

상사화처럼 석산도 잎 없이 훌쩍 올라온 꽃대궁 끝에서 꽃을 피운다. 우리말로는 '꽃무릇'이라고 부른다. 붉은 꽃잎 사이로 삐죽이 뻗어 나온 꽃술이 아슬아슬하다. 아무 기별도 없던 꽃무릇은 가을 내음 풍겨오면 순식간에 50센티미터까지 꽃대궁을 키운다. 그 끝에 피어난 꽃은 화려하지만 여느 꽃보다 서글프다. 잎사귀가 없어서다. 꽃 져야 올라올 잎은 다시 꽃을 피우기 위해 눈보라 맞으며 긴 겨울을 나야 한다. 꽃을 만나지 못해도 핏줄이 하나인 이유다. 지금 땅속에서 꿈틀거릴 잎사귀의 장한 아우성이 고맙다.

메타세쿼이아

정한아

그의 몸은 그의 제복이다
한 세월 연대한 채 뿌리로 오래 행진한다

좋겠다 그는
자기의 몸이 자기라서

매일 바꿔 입는 나의 의복은
툭하면 달아나는 나의 천성과 닮았지

샘이 나 한자리에 발을 묻고 싶지만
다프네의 딱딱한 입술은 비극이네

아무 말이나 할 수 있었을지 몰라
혓바닥을 가진 나는

그러나 지금은 그의 계절이므로
펼쳐진 절도 앞에 숙연하다

나의 발바닥은 똥개의 발바닥처럼
아무 데나 갈 수도 있을 테지만

황금 바늘 비 쏟아지는 강서구청 앞길에서
두 다리를 주저앉히는 겨울 아침

어떻게 그가 여기에 있는가
어떻게 그가 지금 있는가

공룡들의 멸망을 목도하고서
공룡들의 멸망을 목도하고서

그가 움직이지 않는 것처럼 보이는 것이 두렵다

메타세쿼이아 *Metasequoia glyptostroboides*
세쿼이아 종류 가운데 멸종한 것으로 알려졌다가 1941년 중국에서 발견되어 세계에 퍼진 나무로, 빠르게 높이 자라는 것이 특징이다.

일제히 같은 모습으로 팔 벌린 나무가 부동자세로 줄지어 섰다. 공룡의 날카로운 발톱을 피하며 지구 생멸의 역사를 지켜본 메타세쿼이아다. 수억 년 동안 한순간도 생을 멈춰본 적이 없다. 가을이면 그의 깃꼴 잎은 붉게 단풍 들어 낙엽이 되고, 봄에 다시 피어난다. 긴 세월을 가로질러 뚜벅뚜벅 걸어온 그는 사람의 마을에서 산 채로 화석이 됐다. 부동의 굵고 듬직한 줄기는 수직으로 높이 치솟았다. 도열한 메타세쿼이아 곁으로 한 계절이 스쳐 지난다. 다시 또 하나의 나이테가 그의 몸 깊숙이 새겨진다.

무화과

이은봉

꽃 피우지 못해도 좋다

손가락만큼 파랗게 밀어 올리는
메추리알만큼 동글동글 밀어 올리는

혼신의 사랑……

사람들 몇몇, 입속에서 녹아
약이 될 수 있다면

꽃 피우지 못해도 좋다

열매부터 맺는 저 중년의 生!
바람 불어 흔들리지도 못하는.

무화과나무 *Ficus carica*
열매처럼 생긴 꽃의 한쪽 끝에는 매우 작은 구멍이 있다. 그 틈을 이용해 무화과 꽃의 꿀을 따는 벌들이 들락거리며, 웅크리고 피어난 꽃의 혼사를 이뤄준다.

꽃 없이 맺은 열매여서 무화과無花果다. 사랑 없이 맺는 열매는 세상에 없다. 무화과나무에서도 꽃이 핀다. 보이지 않을 뿐이다. 무화과나무는 오월쯤, 잎겨드랑이에 도톰한 돌기를 돋운다. 영락없는 열매지만 꽃이다. 꽃은 주머니 모양의 돌기 안쪽에 숨어서 피었다. 그래서 은화과隱花果라 한다. 혼신의 힘을 다해 메추리알만큼 키운 꽃주머니는 그대로 열매가 된다. 무화과는 사람의 입안에 달콤한 기억을 남긴다. 꽃 피우지 않고, 누가 알아보지 않아도 좋다. 비바람 몰아쳐도 수굿이 열매 맺는 중년의 삶이 그렇다.

투구꽃

백미혜

눈물은 타오르는
빛의 집
미안하다고 말하진 말자
그래도 자꾸
미안하다는
그대 말의 꽃가지에
오늘은 문득 마음이 찔려
글썽이며 피어 있던
투구꽃 하나
속절없이 연보라 꽃이파리
꺾이고 있다

투구꽃 *Aconitum jaluense*

짙은 보랏빛 꽃잎이 가을바람 맞으며 투구 모양으로 피어나서 '투구꽃'이라는 이름을 갖게 된 여러해살이풀이다. 깊은 산속에서 자라며 뿌리에는 독이 있다.

심심산천 깊은 골, 나무 그늘 아래에서 키를 키운 투구꽃이 보랏빛 집 한 채 지어 올렸다. 지붕은 옛 고구려 전사의 투구를 닮았다. 투구 모양의 지붕 아래엔 늦가을 햇살이 담겼다. 투구꽃이 지은 빛의 집이다. 푹 눌러쓴 투구 깊숙한 곳에 노란 꽃가루 점점이 박힌 꽃술의 표정이 음전하다. 쪼그려 앉아 고개를 잔뜩 젖혀야 겨우 들여다볼 수 있는 신비로운 생식의 기미다. 가는 줄기 위에 매달린 꽃송이들이 소슬바람 따라 하늘하늘 춤춘다. 머무를 수 없는 시간이 아쉬워 젖힌 고개가 저려올 때까지 오래 바라보아야 생명의 노래를 들려주는, 결코 잊을 수 없는 꽃이다.

연잎
―만남의 신비

김영무

떠돌이 빗방울들 연잎을 만나
진주알 되었다

나의 연잎은 어디 계신가,

나는 누구의 연잎일 수 있을까

연꽃 *Nelumbo nucifera*
불가에서 정결함의 상징으로 여기며, 인도, 중국, 일본, 한국 등에서 자란다. 칠팔월에 연한 보라색과 흰색의 꽃이 핀다. 흰 꽃을 피우는 종류를 '백련'이라고 한다.

연잎 위의 물방울은 진주알을 닮았다. 스며들지도 흐트러지지도 않는다. 제 모습을 잃지 않는다. 물방울은 언제든 떠날 수 있지만, 잔뜩 오므린 연잎을 떠나지 않는다. 연잎은 물방울을 품어 안았지만 그 사이에는 닿을 수 없는 그리움의 거리가 있다. 물방울은 연잎에게, 연잎은 물방울에게 영원한 타자다. 그래서 신비롭다. 물을 끌어들이지 않는 연잎의 특징을 소수성疏水性이라 한다. 잎 표면의 솜털 때문이라고도 하지만, 실은 길쭉이 올라온 잎자루의 보이지 않는 진동 때문이다. 물은 잎을 적시지 않고, 잎은 물을 깨뜨리지 않는다. 진정으로 사랑하는 이를 바라보는 눈길이 꼭 이와 같지 싶다.

나무의 수사학 1

손택수

꽃이 피었다,
도시가 나무에게
반어법을 가르친 것이다
이 도시의 이주민이 된 뒤부터
속마음을 곧이곧대로 드러낸다는 것이
얼마나 어리석은가를 나도 곧 깨닫게 되었지만
살아 있자, 악착같이 들뜬 뿌리라도 내리자
속마음을 감추는 대신
비트는 법을 익히게 된 서른 몇 이후부터
나무는 나의 스승
그가 견딜 수 없는 건
꽃향기 따라 나비와 벌이
붕붕거린다는 것,
내성이 생긴 이파리를
벌레들이 변함없이 아삭아삭
뜯어 먹는다는 것
도로변 시끄러운 가로등 곁에서 허구한 날
신경증과 불면증에 시달리며 피어나는 꽃

참을 수 없다 나무는, 알고 보면
치욕으로 푸르다

튤립나무 *Liriodendron tulipifera*
넓은 잎 사이에서 오월쯤 튤립을 닮은 주황색 꽃이 핀다. 잎에서 방출하는 음이온의 양이 많아서 도시의 가로수로 환영받는 나무다.

도심에 줄지어 선 플라타너스 가로수 사이에 튤립나무 한 그루가 끼어들었다. 일부러 끼워넣은 것인지, 비슷해 보이는 플라타너스와 헷갈려 심은 건지 알 수 없다. 그의 꽃이 튤립을 닮아서 튤립나무라 한다. 백합을 닮았다 해서 '백합나무' '목백합'이라고도 부른다. 얼룩덜룩 버짐 핀 듯한 플라타너스와 달리 매끈하고 단정한 튤립나무의 줄기는 번잡한 도시의 규칙을 벗어났다. 높다란 가지 끝에서 주황색의 큼지막한 꽃이 숨죽이며 피어난다. 도시의 이주민에게 튤립나무는 치욕으로 푸르다는 반어법을 가르친다. 바라보는 이 없고, 불면증에 시달려도 나무는 악착같이 푸르고, 참을 수 없이 붉다.

모감주나무

온형근

꽃이 피어
아 꽃이 피었구나 했다
그 사이에
있고 없음
묻고 답함이 스쳐갔다

그 꽃이
살짝 입힌 노란색 꽈리로
새 옷 입은 것을 보고서야
꽃은 지는 게 아닌 것을
꽃이 하나인 것을

내 눈길이
젖어 있었다

모감주나무 *Koelreuteria paniculata*
노란 꽃을 피운 뒤 꽈리를 닮은 열매를 맺는데, 안쪽에는 까만 씨앗이 여럿 달린다. 이 씨앗을 불가의 스님들이 염주로 쓴다 해서 '염주나무'라고도 부른다.

강을 버려야 물은 바다에 이르고, 꽃을 버려야 나무는 열매를 맺는다는 건 『화엄경』의 가르침이다. 모감주나무 꽃을 보지 못하고 여름을 보냈다. 혹독했던 여름, 그 나무에도 노란 꽃이 피었던가? 허공에 흩어지는 질문 사이로 꽈리 모양으로 맺힌 모감주나무 열매가 눈에 들어온다. 꽃 버리고 열매 맺는 건 생명의 이치이거늘, 비바람 우심했던 탓에 이 가을의 열매가 더 반갑다. 꽃 지는 건 새 꽃 피우기 위한 시작이다. 모감주나무의 꽈리 열매에 들어 있을 까만 씨앗이 예쁘게 그려진다. 생명의 순환이 아름답다.

미루나무 연가

고재종

저 미루나무
바람에 물살 쳐선
난 어쩌나,
앞들에선 치자꽃 향기.
저 이파리 이파리들
햇빛에 은구슬 튀겨선
난 무슨 말 하나,
뒷산에선 꾀꼬리소리.
저 은구슬만큼 많은
속엣말 하나 못 꺼내고
저 설렘으로만
온통 설레며
난 차마 어쩌나,
강물 위엔 은어떼빛.
차라리 저기 저렇게
흰 구름은 감아 돌고
미루나무는 제 키를
더욱 높이고 마는데,

너는 다만
긴 머리칼 날리고
나는 다만
눈부셔 고개 숙이니,
솔봉이여, 혀짤배기여
바람은 어쩌려고
햇빛은 또 어쩌려고
무장 무량한 것이냐.

양버들 *Populus nigra* var. *italica*
미루나무와 양버들은 헷갈리기 쉽다. 날씬한 몸피로 곧게 서는 나무가 양버들이다. 미루나무는 곧게 선 줄기에서 사방으로 조금 넓게 가지를 펼친다.

수직으로 직립한 나무가 개울가에 줄지어 섰다. 어릴 적 부르던 노래 속에서 조각구름 걸려 있던 나무다. 미루나무라고 더 많이 부르지만 양버들이다. 빗자루를 거꾸로 꽂아놓은 듯해 빗자루나무라고도 불렀다. 하늘 푸르면 나무는 안 그래도 큰 키를 더 높이 밀어 올린다. 나뭇잎 위로 은구슬처럼 튀기는 햇살은 따갑다. 개울 건너 앞들에선 벼 이삭들이 무르익는다. 그악스럽던 매미 소리 물러가고 뒷산에서 나직이 들려오는 이름 모를 새들의 우짖음이 살갑다. 떠나간 치자꽃 향기의 기억 따라 어린 시절 고개 넘으며 함께 뛰놀던 동무들이 그립다.

멸종에 관한 단상

한영옥

팽창하며 멀어져간 것들
더 빠르게 멀어져가고 있지만
튀어나갈 바깥은 없다

물처럼 흘러가는 욕망
흐르면서 더욱 흘러가지만
넘쳐 날 바깥은 없다

안에서만 무참하게 벌어진다

제 발가락 문 채로
제 발가락에 홀려 있다
침 묻은 발 냄새만 가득하다

아무도 문 열지 않고
누구도 질식하지 않자
몇몇 순결한 種들이 튀어 올라
폭폭 썩어가며 가뿐히 계보를 거둔다.

가시연꽃 *Euryale ferox*
주름 잡힌 잎에 가시가 무성하게 돋아서 이름에 '가시'가 붙은 한해살이 수생 식물이다. 잎은 처음에 화살 모양으로 돋은 뒤 차츰 둥글게 퍼지는데, 지름 2미터에 이를 만큼 넓어진다.

아침에 꽃잎을 열고, 동산 위로 해 넘어가면 입을 닫는 가시연꽃이 드디어 피었다. 여느 때보다 두 달쯤 늦었다. 조마조마하며 기다린 탓에 늦었어도 고맙다. 우리 곁에서 차츰 멀어져가는 멸종 위기 식물이다. 사람의 욕망이 그를 절멸 앞으로 내쳤다. 멸종 앞에 놓인 가시연꽃은 차가운 물속에서 무참하게 생명을 돋워내고 오로지 아침 해만 기다린다. 햇살 퍼지면 살그머니 물 위로 고개를 내밀고 보랏빛 생명의 노래를 아주 잠깐 외장쳐 부른다. 참혹하게 멸종에 접어든, 순결한 식물의 절창이다. 아름답지만 애처롭다.

가을 숲 속에서

김일영

나뭇잎들 떨어지는 무게가 아프다
흑백 초상화가 지켜보는
사진틀 밖에서도
어머니는 늘 해녀였다
검은 고무 옷이
속살보다 부끄러웠다는
당신의 부은 손등 위에
어린 손을 얹으며
나무들은 나이테 속에
봄을 숨긴 채 겨울을 건너왔다
떨어진 날개 쪽으로 기운 몸 이끌며
방바닥 가로지르던 벌레의 행로를
기어코 당신은 묻지 않으셨다
바다마저 늙어 등 돌린 곳에서
마당의 잡초들 흔들리고
가을의 활엽수들 아름답지만
내가 서 있는 숲 속에
썩어 싹이 트는 나뭇잎의 이름을
소리 내 말하는 바람은 없다

음나무 *Kalopanax septemlobus*
30미터 높이까지 크게 자라는 낙엽성 활엽수로, 닭백숙을 만들 때 향기를 내기 위해 줄기의 껍질을 함께 넣기도 한다. '엄나무'라고도 부르지만 '음나무'가 맞다.

사람의 행운을 지켜주는 나무가 있다. 음나무다. 어린 나뭇가지에 사나운 가시를 촘촘히 돋우는 나무다. 옛 사람들은 담을 넘는 삿된 귀신들의 도포나 치맛자락이 걸리도록 울타리에 음나무를 심어 키웠다. 사람살이의 평안을 지켜준 고마운 나무다. 애당초 나무는 초식동물의 공격을 막기 위해 돋운 가시로 사람의 마음도 지켰다. 후덕으로 키운 그의 넓은 잎에는 온 생명을 지켜온 노동이 담겼다. 음나무 잎사귀가 노동의 수고를 덜어내고 아프게 떨어진다. 자신의 남루를 감추며 자식을 올곧게 키운 가난한 어머니의 치마폭에 쌓인 아픔을 닮았다. 스치는 바람조차 이야기하지 않는 늙은 어머니의 아픈 삶, 음나무의 낙엽이다.

낙엽
―멀구슬나무

김윤숙

네 안의
그 그리움
언제 다 쏟아냈는지
차마 길 못 찾을까, 몇 날 밤을 새웠나
십일월, 쌓인 낙엽들
노을처럼 붉었다

한때는
그늘이었던
집 울타리 멀구슬나무
태풍에도 휘지 않던 그 약속 그 여름을
비로소 다 놓았다며,
허공에 몸을 맡긴다

멀구슬나무 *Melia azedarach* var. *japonica*
여름에 피는 자잘한 보랏빛 꽃의 향기가 매우 인상적인 나무로, 줄기와 잎에는 해충을 방제하는
요긴한 성분이 있는 것으로 알려졌다.

눈을 감아야 더 잘 볼 수 있는 꽃이 있다. 멀구슬나무의 꽃이다. 매혹적인 향기를 뿜어내는 멀구슬나무 꽃은 높은 가지 위에서 피어나기에 하늘을 바라보지 않고서는 볼 수 없다. 따가운 여름 햇빛 아래에 피어나는 멀구슬나무의 보랏빛 꽃을 보려면 그래서 눈을 감아야 한다. 심장 깊숙이 파고드는 짙은 향기가 멀리 퍼진다. 강렬하다. 눈을 감고 한 걸음 가까이 다가서면 코끝에 닿는 향기 알갱이 따라 꽃 그림이 그려진다. 그 꽃 피어나고 두 계절이 지났다. 늦가을, 멀구슬나무가 보랏빛 향기 머금은 구슬 열매를 새파란 하늘가에 걸었다. 열매가 가득 품었을 향기가 그리워지는 건, 노을처럼 붉은 낙엽 때문이다.

대숲 바람 소리

송수권

대숲 바람 속에는 대숲 바람 소리만 흐르는 게 아니라요
서느라운 모시옷 물맛 나는 한 사발의 냉수물을 어리는
우리들의 맑디맑은 사랑

봉당 밑에 깔리는 대숲 바람 소리 속에는
대숲 바람 소리만 고여 흐르는 게 아니라요
대패랭이 끝에 까부는 오백 년 한숨, 삿갓머리에 후득이는
밤 쏘낙 빗물소리……

머리에 흰 수건 두르고 죽창을 깎던, 간 큰 아이들, 황토현을 넘어가던
  징소리 꽹과리소리들……

남도의 마을마다 질펀히 깔리는 대숲 바람 소리 속에는
  흰 연기 자욱한 모닥불 끄으름내, 몽당빗자루도 개터럭도
보리숭년도 땡볕도
  얼개빗도 쇠그릇도 문둥이 장타령도
  타는 내음……

아 창호지 문발 틈으로 스미는 남도의 대숲 바람 소리 속에는

눈 그쳐 뜨는 새벽별의 푸른 숨소리, 청청한 청청한 댓잎파리의 맑은 숨소리

대나무 *Phyllostachys bambusoides*
초본과 목본의 특징이 모두 있어 '풀도 아니고 나무도 아닌 것'이라고 하는 식물로, 왕대, 죽순대, 솜대 등의 종류가 있다. 줄기에 검은빛이 나는 오죽烏竹도 있다.

사람이 그렇듯, 나무도 나무마다 만나는 법이 제가끔 따로 있다. 독야청청 소나무는 경배하듯 만나야 하고, 선비의 꽃인 매화 향기는 귀로 들어야(聞香) 하며, 줄기가 포근한 비자나무는 가슴으로 힘껏 보듬어 안아야 한다. 여린 피부의 배롱나무는 나무껍질을 간질이듯 살살 만져야 한다. 당연히 대나무를 만나는 데에도 방법이 있다. 우선 눈을 감고 댓잎에 스치는 바람 소리를 들어야 한다. 대숲 바람 소리는 여느 숲의 그것과 판이하게 청신하다. 텅 빈 마디 따라 흐르는 깊은 공명 탓이기도 하고, 길쭉한 이파리에 담긴 꼿꼿한 기개 탓이기도 하다. 바람에서 지조의 혼, 옛사람들의 푸른 숨소리를 읽어내야 만날 수 있는 게 대나무다.

우리나라 꽃들에겐

김명수

우리나라 꽃들에겐
설운 이름 너무 많다
이를테면 코딱지꽃 앉은뱅이 좁쌀밥꽃
건드리면 끊어질 듯
바람 불면 쓰러질 듯
아, 그러나 그것들 일제히 피어나면
우리는 그날을
새봄이라 믿는다

우리나라 나무들엔
아픈 이름 너무 많다
이를테면 쥐똥나무 똘배나무 지렁쿠나무
모진 산비탈
바위틈에 뿌리 내려
아, 그러나 그것들 새싹 돋아 잎 피우면
얼어붙은 강물 풀려
서러운 봄이 온다

쥐똥나무 *Ligustrum obtusifolium*
키가 크지 않고 무리 지어 자라며, 생명력이 왕성해 산울타리로 많이 심는다. 열매가 쥐똥을
닮았다고 하지만, 봄에 피는 하얀 꽃이 맑고 아름다운 나무다.

순백의 꽃송이가 열렸다. 꽃잎 가운데 노란 꽃술이 보일 듯 말 듯 영롱하다. 앙증맞게 네 갈래로 열린 꽃잎이 오물거린다. 새끼손톱보다 훨씬 작은 꽃이다. 흔한 꽃이건만 가만히 바라보지 않으면 이 꽃의 아름다움은 알 수 없다. 산울타리로 이만큼 담백한 나무도 없다. 가을에 맺히는 까만 열매도 그렇다. 열매가 쥐똥을 닮아서 쥐똥나무라는 설운 이름으로 불린다. 바라보는 이 없어도 쥐똥나무 꽃 따라 언제나 봄이 훌쩍 일어선다. 아픈 이름 붙었어도 쥐똥나무 열매 따라 가을은 슬며시 다가와 우리 곁에 눕는다.

롱 테이크

김요일

바람 불어도 흔들릴 이파리 하나 없는
벼락 맞아 죽은 나무

절벽 위의
생은
요지부동이다

곰솔 *Pinus thunbergii*
바닷가에서 자라는 소나무다. 줄기 표면이 검은빛을 띠기 때문에 '검은솔'이라고 했다가 이후에 부르기 쉽고 더 예쁜 '곰솔'이라는 이름을 갖게 되었다.

벼락을 맞고 살아남는 나무가 있지만, 천둥 벼락이 가지 끝에 살짝 닿는 것만으로 천 년의 생을 놓는 나무도 있다. 소나무 종류가 그렇다. 단 한 번의 벼락으로 소나무는 땅속 깊은 뿌리 끝까지 창졸간에 시커멓게 타버린다. 전북 익산 신작리 곰솔도 한순간의 벼락으로 바람에 흔들릴 이파리를 모두 내려놓고 새까맣게 타버렸다. 세월의 모진 풍진에 의연하던, 나라 안에서 가장 아름답다 하던 곰솔이었다. 신작리 곰솔은 시커멓게 죽어서도 의연하다. 아직 성성한 줄기는 건장하던 그 시절 그대로다. 삶과 죽음의 경계에 선 곰솔의 줄기가 가을 하늘 아래 요지부동이다.

달개비 꽃

박종국

달개비 꽃이 피었다
울타리 밑 응달진 곳에 푸른 꽃 피웠다
어두운 숲 속 한 마리 나비가 앉아
가끔씩 초록의 그물 틈으로 새어 들어오는 햇살
그 달콤한 환상에 취해
바르르 떨고 있듯이

구름 한 점 없는 새파란 하늘
주위에는 갖가지 색깔 꽃들이 피어 있다
진동하는 향기
팔랑팔랑 날아가는, 달개비 꽃
젖가슴처럼 다정한 소녀

햇살보다 더 밝고 부드러운 꿈
그날 밤 가슴 가득 채웠던 달빛
사랑은 세상에서 가장 아름다운 색깔을 선물했다
그 파란빛으로 장식한 달개비
나무 그늘 아래서 애무하는 연인같이
꽃받침은 꽃의 작은 꿈을 감싸고 있다

닭의장풀 *Commelina communis*

시골 들녘이나 민가에서 흔히 볼 수 있는 한해살이풀로, 아름다운 파란색 꽃이 이른 아침에 피었다가 한낮에 지기 때문에 하루살이 꽃이라고 부르기도 한다.

기다란 꽃술을 쭈욱 내밀고 달개비 꽃이 핀다. 꽃 중에는 흔치 않은 새파란 빛이다. 꽃잎과 꽃받침이 하나로 붙어서 '꽃덮이' 혹은 '화피花被'라고 부르는 두 장의 파란 날개가 나비의 그것을 닮았다. 닭의 벼슬을 닮아서 달개비, 닭장 곁에서 잘 자라서 닭의장풀이라는 이름을 얻었다. 아침에 피어나는 닭의장풀 꽃은 초록의 숲에 점점이 박힌 파란 보석이다. 안타깝게도 그에게 주어진 시간은 고작 한나절이다. 영롱한 꽃이어서 더 허무하다. 곧 시들어 떨어질지언정 화려함을 놓지 않는 달개비 꽃의 운명이 얄궂다.

상수리나무

최동호

허옇게 갈라진 혀, 바위 살
흘러내리는 암반수 깊숙이 들이켜

이뿌리에 가닿는 시린 물살 굽이치는
계곡 명주실 길게 펼쳐놓는다

벼랑길 바위 밑에 오글거리며 살던
흰 벌레들 더 깊은 곳으로 기어 들어가고

상수리나무, 열매를 지상에 남겨두고
단풍잎 바람 타고 날아 하늘의 빛을 뿌린다

상수리나무 *Quercus acutissima*
참나뭇과에 속하는 나무 가운데 우리 산과 들에서 가장 흔하게 볼 수 있는 나무다. 봄에 꽃이 피고, 열매인 상수리는 한 해를 넘겨 이듬해 가을에 맺는다.

임금님 수라에 올릴 열매를 맺는 나무여서 '상수리나무'라는 성스러운 이름을 가진 나무에 도토리가 열렸다. 상수리나무는 씨앗까지 남김없이 사람과 짐승에게 먹이로 내어주고 사라진다. 제 앞가림에 서투른 상수리나무가 자손을 키우려면 사람뿐 아니라, 다람쥐도 배불리 먹여야 한다. 다람쥐가 겨울 양식으로 갈무리했다가 남긴 도토리가 겨우 봄볕에 싹을 틔우기 때문이다. 더 많이 베풀수록 더 많은 자손을 얻을 수 있다는 걸 상수리나무는 잘 안다. 상수리나무는 '숲의 왕'이라고 부르는 참나무 종류 가운데 우리와 가장 가까이 지낸 도토리나무다.

그리운 찔레꽃

하순명

흰 구름 머무는 밭둑
새하얀 웃음

초록 햇살 부비면서
그늘진 덤불 속
한 줄기 외로움으로 뒤척인다

보리 익는 냄새 실어 나르던
허기진 바람
떫은 찔레 순 꺾어 먹던 유년은
가난도 햇살인 양
눈부시게 받아 입고

바람이 불 때마다
넘나드는 그리움
목마름으로 피워내

눈 아프게 바라보던

고향의 늦봄
눈물 묻어나는 그날의 꽃

찔레꽃 *Rosa multiflora*
장미과에 속하는 나무이며 들에서 저절로 자라나 흔히 들장미라고도 부른다. 꽃은 흰색으로 피고, 장미와 마찬가지로 어린 가지에는 날카로운 가시가 돋아난다.

찔레꽃은 봄과 여름의 경계에서 피어난다. 찔레 순은 하얀 꽃 피기 전에 서둘러 꺾어 먹어야 한다. 떫지만 새콤달콤하다. 꽃 피기 전에 부지런히 먹어야 했다. 시고 떫어 진저리를 치면서도 습관적으로 입에 가져갔다. 허기진 날들의 추억이다. 민틋한 뒷동산에 찔레꽃 흐드러지는 만큼 허기는 깊어졌다. 찔레꽃 떨어지고 찾아오는 여름 햇살은 궁핍의 계절에도 눈부셨다. 긴 세월 흘러 지금 이곳에 가을바람 불어오면 찔레꽃 하얗게 핀 고향의 늦봄이 그리워진다. 흔적 없이 사라진 고향의 남루가 그립다.

미시령 노을

이성선

나뭇잎 하나가

아무 기척도 없이 어깨에
툭 내려앉는다

내 몸에 우주가 손을 얹었다

너무 가볍다

팔손이 *Fatsia japonica*
잎의 지름이 50센티미터에 이를 정도로 넓은 늘푸른나무로, 우리나라 중남부 지방에서 저절로
자라는 나무다. 가을에 가지 끝에서 흰 꽃이 핀다.

팔손이라는 토종 나무가 있다. 변변할 것 없는 이 나무에서 우주의 조화를 느낀 건 가을에 피는 꽃이 아니라 겨울에도 지지 않는 푸른 잎 때문이다. 잎맥에 드러난 초록의 신비가 그랬다. 잎자루에서 시작되는 굵은 맥은 자유롭게 뻗어가며 가늘어지고, 그 사이에 한 차원 더 가늘어진 잎맥이 규칙과 불규칙의 경계를 아슬아슬하게 넘나들며 실핏줄처럼 번졌다. 같은 모양의 선은 없어도, 촘촘히 지어내는 공간은 비슷하게 규칙적이다. 한 장의 이파리를 온전히 바라보는 데 한나절도 더 걸린다. 긴 시간이지만, 한 그루의 나무가 우주의 신비를 담아내는 데 걸린 시간에 비하면 턱없이 적은 시간이다.

연꽃

오세영

불이 물속에서도 타오를 수
있다는 것은
연꽃을 보면 안다.
물로 타오르는 불은 차가운 불,
불은 순간으로 살지만
물은 영원을 산다.
사랑의 길이 어두워
누군가 육신을 태워 불 밝히려는 자 있거든
한 송이 연꽃을 보여주어라.
닳아 오르는 육신과 육신이 저지르는
불이 아니라.
싸늘한 눈빛과 눈빛이 밝히는
불,
연꽃은 왜 항상 수면에
잔잔한 파문만을 그려놓는지를……

연꽃 *Nelumbo nucifera*

생명력이 매우 뛰어난 식물로, 일본에서는 우리나라 함안에서처럼 천오백 년 전에 맺은 씨앗을 발굴해 뿌리 내리고 꽃 피우는 데 성공한 바 있다.

칠백 년 전, 고려시대 때 맺은 씨앗에서 싹이 트고 꽃이 피었다. 물에서 온 생명의 불꽃이 처음처럼 물속에서 살아났다. 경남 함안 성산산성 터에서 발굴한 열 개의 연꽃 씨앗이 생명의 끈을 놓지 않았다. 아라가야 땅을 지켜온 연꽃이어서 '아라홍련'이라 일렀다. 영원의 물에서 순간의 불이 지켜낸 경이로운 생명이다. 흙탕물 속에서 타오른 생명의 불꽃이다. 진흙 속에 뿌리 내린 연꽃이 어찌 이리 맑고 화려한 꽃을 피우는지 이제 알겠다. 연꽃의 신비로운 생명 앞에 물도 불도 세월도 모두 잔잔한 파문이다.

물푸레나무

김태정

물푸레나무는
물에 담근 가지가
그 물, 파르스름하게 물들인다고 해서
물푸레나무라지요
가지가 물을 파르스름 물들이는 건지
물이 가지를 파르스름 물올리는 건지
그건 잘 모르겠지만
물푸레나무를 생각하는 저녁 어스름
어쩌면 물푸레나무는 저 푸른 어스름을
닮았을지 몰라 나이 마흔이 다 되도록
부끄럽게도 아직 한 번도 본 적 없는
물푸레나무, 그 파르스름한 빛은 어디서 오는 건지
물속에서 물이 오른 물푸레나무
그 파르스름한 빛깔이 보고 싶습니다
물푸레나무빛이 스며든 물
그 파르스름한 빛깔이 보고 싶습니다
그것은 어쩌면
이 세상에서 내가 가장 사랑하는 빛깔일 것만 같고

또 어쩌면
이 세상에서 내가 갖지 못할 빛깔일 것만 같아
어쩌면 나에겐
아주 슬픈 빛깔일지도 모르겠지만
가지가 물을 파르스름 물들이며 잔잔히
물이 가지를 파르스름 물올리며 찬찬히
가난한 연인들이
서로에게 밥을 덜어주듯 다정히
체하지 않게 등도 다독거려주면서
묵언정진하듯 물빛에 스며든 물푸레나무
그들의 사랑이 부럽습니다

물푸레나무 *Fraxinus rhynchophylla*
목질이 단단하면서도 탄력이 있어서 도리깨, 마차 바퀴 등의 농기구를 만드는 재료로 많이
쓰이는 나무다. 오월에 암꽃과 수꽃이 따로 피어나고, 가을에 날개 달린 열매를 맺는다.

물푸레나무. 이름만 불러보아도 자우룩이 시심詩心이 피어나는 나무다. 물을 푸르게 해서 갖게 된 '물푸레'라는 이름이 시처럼 파랗고 아름답다. 나무가 묵언정진으로 물들인 파란빛을 보고 싶어한 시인이 긴 투병 끝에 숨을 거뒀다. 물푸레나무를 한 번도 본 적이 없다면서도 그이는 물푸레나무를 가장 물푸레나무답게 노래했다. 사랑스러워서 슬픈 빛일 것만 같은 물푸레나무의 빛깔을 이 세상에서 가질 수 없다는 걸 시인은 아쉬워했다. 넋 되어 떠나는 먼 길 위에 물푸레나무 가지 담쏙 꺾어 놓아야겠다.

무궁화

이백

꽃밭에 핀 고운 꽃 풀숲에 묻혀 웃음 짓고
연못의 수초들은 초록빛 깊어간다
옥 같은 섬돌 곁에 어여삐 핀 무궁화
온 세상 둘러보아도 견줄 게 따로 없네

園花笑芳草
池草艶春色
猶不如槿花
嬋娟玉階側

무궁화 *Hibiscus syriacus* '안동'
여름이 시작되면서 꽃이 피어나, 가을의 기미가 느껴질 무렵까지 무궁무진하게 꽃을 피우는 우리의 나무다. 꽃이 아름다워 새로 선발한 품종이 세계적으로 이백여 종이나 된다.

'나라꽃'이라는 이유로 널리 키우며 아끼는 나무가 무궁화다. 우리나라 어디에서라도 볼 수 있는 나무이건만 마음은 그만큼 가깝지 않다. 본디의 아름다움보다 나라꽃이라는 허울이 앞서는 까닭일 게다. 들여다보면 무궁화만큼 예쁜 꽃도 없다. 여름 내 피고 지는 꽃이 그루마다 무려 삼천 송이다. 강인한 생명력이다. 나라꽃이지만 우리나라에서는 무궁화의 자생지를 찾을 수 없다. 중국을 통해 오래전에 들어왔다. 그 사이에 우리 땅에 맞게 몸을 바꾼 무궁화도 있다. '애기 무궁화'라고도 부르는 무궁화 '안동'이 그 나무다. 앙증맞게 피어나는 꽃이지만 무궁화의 강인함과 아리따움은 그대로다. 무궁화는 나라꽃 아니라 해도 우리 땅에서 자라는 꽃 중의 꽃이다.

그 섬의 이팝나무

김선태

쌀 한 톨 나지 않는 서해 어느 섬마을엔 늙은 이팝나무가 한 그루 있지요. 오백여 년 전 쌀밥에 한이 맺힌 이 마을 조상들이 심었다는 나무입니다. 평생 입으로는 먹기 힘드니 눈으로라도 양껏 대신하라는 조상들의 유산인 셈이지요. 대대로 얼마나 많은 후손들이 이 나무 밑에서 침을 꼴딱거리며 주린 배를 달랬겠습니까. 해마다 오월 중순이면 이 마을 한복판엔 어김없이 거대한 쌀밥 한 그릇이 고봉으로 차려집니다. 멀리서 보면 흰 뭉게구름 같지만 가까이서 바라보면 수천 그릇의 쌀밥이 주렁주렁 열려 있으니 보기만 해도 배가 부르지요. 김이 모락모락 나는 쌀밥 냄새가 사방팔방 퍼질 때면 온 마을 사람들이 모여들어 풍어제를 지냅니다. 이쯤이면 온갖 새들은 물론이고 동네 개나 닭들 하다못해 개미 같은 미물마저도 떨어진 밥풀을 주워 먹으러 모여드니 이 얼마나 풍요로운 자연의 한마당 큰잔치입니까. 대낮이면 흰 그늘을 드리워 더위를 식혀주고 밤이면 환하게 불을 밝혀 뱃사람들의 등대 구실까지도 한다니 이만하면 조상들의 음덕치고는 참 미덥고 보배로운 것이 아닐는지요.

이팝나무 *Chionanthus retusa*
오월 들면서 온 가지에 흰쌀밥을 고봉으로 담은 밥그릇을 주렁주렁 단 듯 화려한 꽃을 피우는
우리 나무로, 개화 기간은 대략 보름에서 스무 날 정도 된다.

흉년이 들면 어미의 젖은 텅 비었다. 아기가 어미의 빈 젖을 빨며 천천히 생명의 끈을 놓아야 했던 시절이 있었다. 어미의 품에서 싸늘하게 식어간 아기의 주검을 아비는 뒷동산 양지바른 자리에 고이 묻고, 그 앞에 나무를 심었다. 쌀밥처럼 하얀 꽃을 수북이 피우는 이팝나무였다. 살아서 입으로 먹지 못한 쌀밥을 죽어서 눈으로라도 실컷 먹으라는 아비의 뜻이었다. 그때 그 가난의 추억이 담긴 이팝나무가 지금 도시에서 가장 아름다운 가로수로 살아났다. 이팝나무 그늘이 새삼 고마운 시절이다.

그게 배롱나무인 줄 몰랐다

김태형

오래된 창문 밖에 마른 나무 한 그루가 서 있다
팔뚝만 한 누런 가지 사이로
아침마다 마당을 쓸던 늙은 아저씨
말갛게 젖은 겨드랑내가 났다
날이 풀려도 저 나무는 꿈쩍도 않은 채 제 껍질만 벗고 있었다
구렁이가 혹 겁도 없이 하늘로 오르려 했을까
벼락을 맞고는 그만 나무로 말라죽었나 싶었는데
날름 여린 혓바닥을 밀어내고는
뒤늦어서야 어디가 가려운지 샛바람에 잎들을 파르르 떤다
그게 배롱나무인 줄은 몰랐다
그 동안 누가 저 나무 아래 웅크리고 앉아
겨드랑이를 간질이고 갔는지는 모르지만
등줄기가 가려울 때마다 몇 차례 누런 허물을 벗고
딱딱한 비늘에 윤기마저 도는지
세 치쯤 되는 공중이 이내 그늘을 드리우기 시작한다
초여름쯤 여린 꽃망울을 터뜨리기까지

저 나무는 어린 새를 한 마리 잡아먹을 것이다
작은 못물을 다 마셔버릴 듯이
밤낮없이 백 일을 더 울어
바람처럼 제 붉은 꽃을 마저 삼켜버릴 것이다
그게 배롱나무라고 누군가 일러주기 전까지 저 나무는 고요히
제 타오르는 불꽃을 안으로 삭이며 한껏 메말라 있었다

배롱나무 *Lagerstroemia indica*

멕시코산 초본 식물인 '백일홍'과 구별하기 위해 '목백일홍'이라고도 부르는 나무로, 중국이 고향이며, 우리나라의 중남부 지역에서 자란다. 꽃도 좋지만 매끈한 줄기 표면도 아름답다.

매끈한 표면이 마치 간지럼이라도 탈 듯한 나무, 배롱나무다. 나무는 제 붉은 속살에 꽂히는 숱한 눈길이 부끄럽기만 하다. 부끄럼 때문인지 바람 때문인지, 나뭇가지가 온종일 살랑인다. 여름 백 일 동안 붉은 꽃을 피운다 해서 처음엔 '백일홍나무'라고 불렀다. 세월이 흐르는 동안 소리 나는 대로 쓰면서 배롱나무라는 한결 예쁜 이름을 얻었다. 붉은 꽃은 여름의 붉은 정열을 닮았다. 한 송이 작은 꽃이 떨어지면 곁에서 다른 꽃송이가 입을 연다. 여름 내내 붉은 꽃이 불꽃처럼 타오른다. 배롱나무 꽃 바라보는 사람의 그윽한 눈길 따라 여름이 깊어간다.

작은 풀꽃

박인술

후미진 골짜기에
몰래 핀 풀꽃 하나
숨어 사는 작은 꽃에도
귀가 있다.
나직한 하늘이 있다.
때때로
허리를 밀어주는
바람이 있다.
초롱초롱 눈을 뜬 너는
우주의 막내둥이.

구절초 *Chrysanthemum zawadskii*
국화 종류의 하나로, 들에서 흔히 피어나기에 '들국화'라고 부르는 식물 가운데 하나다. 대개는 양지바른 산과 들, 심지어 바위틈에서도 잘 자란다.

바위틈에서 한 포기 구절초가 순백의 꽃을 피웠다. 한 줌 흙에 묻혀 뿌리를 내렸다. 돌보는 이 없어도 장한 생명이다. 한 송이 꽃을 피우기 위해 여린 뿌리는 단단한 바위틈을 비집는 고통을 겪었다. 땅속으로 뻗은 줄기와 뿌리의 속내가 궁금하다. 생각할수록 신비롭다. 파란 하늘, 맑은 햇살, 초록 바람, 때때로 비. 이쯤이면 꽃 한 송이 피우기 위한 살림살이로는 너끈하다. 하늘은 나직해도 괜찮다. 꽃잎 끌어당기는 하늘, 가끔씩 허리를 밀어주는 맑은 바람에 구절초는 해마다 이맘때면 초롱초롱 맑은 눈을 뜬다. 한 뼘밖에 안 되는 구절초에 온 우주가 담겼다. 우주의 막내둥이가 펼치는 생명 예찬이다.

자귀나무 아래까지만

권현형

이름 모를 나무 아래 이르렀을 때 그는 가섭처럼 미소 지으며 큰 키 나무를 손가락으로 가리켰습니다 해가 막 저물기 시작하는 여름 저녁 허공에 붉은 부챗살 모양의 꽃깃을 치고 있는 자귀는 귀기鬼氣로 가득 차 있었습니다 그의 손가락에 그 묘한 꽃들이 송이송이 길들여지고 있었습니다 내가 나무에 홀려 그의 손이 이끄는 대로 그 다음 풍경을 더 지나갔는지는 모르겠습니다만 거기까지만 자귀나무까지만 오래오래 기억이 납니다 아무래도 여름 저녁은 그가 아니라도 자귀가 아니라도 무엇인가에 마음이 홀려 흘러가기 쉬운 때문입니다

자귀나무 *Albizia julibrissin*
나란히 돋은 자잘한 나뭇잎이 해 진 뒤에 사이좋게 오므라드는 모습이 재미있어서, 예로부터 부부의 금실을 상징하는 나무로 여겼다. 정원에 심어두면 부부의 정이 도타워진다고 한다.

'자는 귀신'이라는 뜻에서 '자귀나무'라고 했을까. 밤이면 숙면에 빠지듯 열린 잎을 닫는 나무이지만 이름의 근원은 분명하지 않다. 퇴화한 꽃잎은 가뭇없이 사라지고, 유난스레 발달한 꽃술만 부챗살 모양으로 활짝 펼쳤다. 3센티미터 길이의 꽃술 끝에 노란 꽃가루가 점점이 박혔다. 꽃이라 하기에는 귀기가 느껴진다. 한번 보면 잊히지 않는다. 자귀나무 꽃은 스쳐가는 모든 풍경을 압도한다. 누구에게라도 자귀나무 아래까지만 기억나는 건 당연한 노릇. 기묘한 자태의 꽃술 사이에 지난여름의 추억이 하나둘 스며든다. 사람의 마음이 분홍빛으로 달아오른다. 세상이 풍요로워질 기미다.

회화나무 그늘

이태수

길을 달리다가, 어디로 가려 하기보다 그저 길을 따라 자동차로 달리다가, 낯선 산자락 마을 어귀에 멈춰 섰다. 그 순간, 내가 달려온 길들이 거꾸로 돌아가려 하자 늙은 회화나무 한 그루가 그 길을 붙들고 서서 내려다보고 있다.

한 백 년 정도는 그랬을까. 마을 초입의 회화나무는 언제나 제자리에서 오가는 길들을 끌어안고 있었는지 모른다. 세월 따라 사람들은 이 마을을 떠나기도 하고 돌아오기도 했으며, 나처럼 뜬금없이 머뭇거리기도 했으련만, 두껍기 그지없는 회화나무 그늘.

그 그늘에 깃들어 바라보면 여름에서 가을로 건너가며 펄럭이는 바람의 옷자락. 갈 곳 잃은 마음은 그 위에 실릴 뿐, 눈앞이 자꾸만 흐리다. 이젠 어디로 가야 할는지, 이름 모를 새들은 뭐라고 채근하듯 지저귀지만 도무지 알아들을 수 없다.

여태 먼 길을 떠돌았으나 내가 걷거나 달려온 길들이 길 밖으로 쓰러져 뒹군다. 다시 가야 할 길도 저 회화나무가 품고 있는지, 이내 놓아줄 건지. 하늘을 끌어당기며 허공 향해 묵묵부답 서 있는 그 그늘 아래 내 몸도 마음도 붙잡혀 있다.

회화나무 *Sophora japonica*
나뭇가지가 넓고 자유분방하게 펼쳐지면서도 기개를 잃지 않는 생김새가 마치 학자나 선비의
기품을 닮았다 해서 '선비수' '학자수'라는 별명이 붙었다.

집 안에서 키우면 아이들이 공부를 잘하게 된다는 나무가 있다. '학자수學者樹'라는 별명으로도 알려진 '회화나무'다. 느티나무나 팽나무처럼 가지를 넓게 펼쳐서 정자나무로 많이 심어 키운다. 자유분방하되 기개를 잃지 않는 가지가 학자의 길을 닮았다고 본 게다. 마을 어귀에 선 회화나무의 그늘은 오가는 사람들의 길을 끌어안았다. 세월의 더께가 겹겹이 쌓인 두꺼운 그늘이다. 사람도 새도 바람도 들어선다. 다시 걸어야 할 길을 학자를 닮은 나무에게 묻는다. 나이 들면서 더 아름다워지는 나무에는 분명 세월의 지혜가 담겼을 게다.

고딕 숲

송재학

전나무 기둥이 떠받치는 숲 속
검은 고딕 나무가 자라서
연등 천장의 내면이다
고딕 숲에서 내 목울대는 하늘거리는 풀처럼
검은색 너머 기웃기웃,
수사복 사내들의 뼈가
나무의 뼈라면
내 이야기의 시작은 주인공의 죽음/자살이다
누군가의 메마른 입술에서 나뭇잎이 꾸역꾸역 자랄 때
내 안에서도 밖에서도
열고 닫히는 새순 아가미들의 연쇄반응들,
숲을 떠다니는 부레族 나뭇잎을 만나도 놀랍지 않다
고딕 숲의 부력이 완성되었기 때문이다
어떤 관습들에서 열거되는 투니카와 쿠쿨라의
수도복 입은 발자국이 모여들겠다
오래된 불빛이 鬱鬱 침엽수를 밝히려 한다면
내 묵언은 천천히 닫아야 할 입이 너무 많다

전나무 *Abies holophylla*
하늘을 찌를 듯 곧게 뻗어 오르는 줄기가 아름다운 나무로, 추운 곳에서 잘 자란다. 오대산 월정사의 전나무 숲길은 우리나라에서 가장 아름다운 숲길 가운데 하나다.

절집에 드는 숲길에 울울창창 들어선 전나무에서 기독 사원의 건축 양식을 떠올리기는 쉽지 않다. 그 천장에서 연등을 떠올리는 건 더 그렇다. 평창 오대산에서도 부안 능가산에서도 절집에 들려면 하늘을 떠받치고 서 있는 전나무 숲을 지나야 한다. 누구라도 이 숲에 들면 하늘 높이 뻗은 전나무의 기개 앞에 수도승이 된다. 저잣거리에서 울긋불긋했던 의복도 하늘을 가린 전나무 그림자에 덮여 투니카 고대 그리스나 로마 사람들 혹은 주교의 가운 같은 겉옷 양식의 검은 수도복으로 바뀐다. 자박자박 길을 걸으면 세상의 모든 언어들이 우주의 침묵에 닿는다. 전나무 숲의 견고한 침묵은 죽음을 닮았지만, 우주의 온 생명을 시작하는 첫 발자국이다.

허화虛花들의 밥상

박라연

봄꽃 가지에서
그렁거리던 눈부신 청색 꽃잎들이
가을까지 오래된 생각처럼 골똘하다

저 생각은 산수국이 피운 허화
깨알만 한 제 꽃잎 둘레에 가짜 꽃잎을
크게 피워 벌과 나비를 불러온 것,

향낭이 없으니 허화는 자연사될 수 없다?

문득 세상의 허화들은
무슨 죄로 가짜 생존의 시간 속
으로 끌려 나왔을까 구구절절 누구를
빛내주려고? 일 퍼센트쯤 모자라서 쓸쓸한
생을 완성해주려고? 덩달아
골똘해져서는 가짜의 고통을 목 졸라준다
(내일은 내 목에서 수국이
피어날 것이다)

수국 재배종 *Hydrangea macrophylla* 'Mariesii'
꽃가루받이를 도와줄 수분(受粉) 곤충의 눈에 띄기 위해 꽃받침으로 스스로를 화려하게 포장하는 식물이다. 시간이 지나면서 꽃의 색깔이 차츰 변하는 특징이 있다.

수국은 가짜 꽃을 피운다. 진짜 꽃보다 예쁘다. 새파란 진짜 꽃만으로는 생식의 환희를 누릴 수 없어서다. 생식을 위해 피우는 꽃이 가짜 꽃, 허화虛花다. 진짜 꽃은 너무 작아서 벌, 나비를 부르지 못한다. 허화를 피워서 그들의 눈에 들어야 한다. 허화는 진짜에게 모자란 1퍼센트를 위해 스스로의 목을 조르고, 번식의 쾌락을 내려놓아야 한다. 다 버리고, 오직 아름다워야 한다. 스스로 태어날 수도 죽을 수도 없다. 생존 자체가 가짜인 탓이다. 환희가 배제된 아름다움은 고통이다. 고통으로 태어난 허화의 생이 서럽다. 허화는 가짜 꽃이지만 진짜를 진짜로 키운다. 생을 대신 완성하는 진짜 꽃이다.

기다려온 꿈들이 필 듯 말 듯

누가 우는가

나희덕

바람이 우는 건 아닐 것이다
이 폭우 속에서
미친 듯 우는 것이 바람은 아닐 것이다
번개가 창문을 때리는 순간 얼핏 드러났다가
끝내 완성되지 않는 얼굴,
이제 보니 한 뼘쯤 열려진 창틈으로
누군가 필사적으로 들어오려고 하는 것 같다
울음소리는 그 틈에서 요동치고 있다
물줄기가 격랑에서 소리를 내듯
들어올 수도 나갈 수도 없는 좁은 틈에서
누군가 울고 있다
창문을 닫으니 울음소리는 더 커진다
유리창에 들러붙는 빗방울들,
가로등 아래 나무 그림자가 일렁이고 있다
저 견딜 수 없는 울음은 빗방울들의 것,
나뭇잎들의 것,
또는 나뭇잎을 잃지 않으려고
이리저리 부딪치는 나뭇가지들의 것,

뿌리 뽑히지 않으려고, 끝내 초월하지 않으려고
제 몸을 부싯돌처럼 켜대고 있는
나무 한 그루가 창밖에 있다
내 안의 나무 한 그루 검게 일어선다

황칠나무 *Dendropanax morbifera*
줄기 표면에 상처를 내면 나오는 노란 진액이 금속, 가죽, 목공예품의 표면에 바르는 칠로
요긴하게 쓰여서 '황칠'이라는 이름이 붙은 토종 나무다.

빗방울 따라 지난여름의 기억이 흩어진다. 산골 아이들을 찾아 길 떠났던 학생들이 산사태로 목숨을 잃었다. 지난 학기에 나와 함께 머리를 맞댔던 인하대학교의 젊은 청춘들이다. 비바람에 무너앉은 흙무더기에 묻혀 돌아오지 못한 젊은 그들이 아프게 떠오른다. 파란 번개 불빛에 그들의 보드라운 얼굴이 실루엣 되어 스친다. 바람결에 부딪치는 나뭇가지들에는 울음소리가 담겼다. 떠나지 않는 기억이 눈물방울 되어 나뭇잎에 다소곳이 내려앉는다. 채 흘리지 못한 지난여름의 눈물이다. 바람도 빗방울도 눈물을 머금은 채 여름의 꼬리를 물고 기억 속으로 고이 묻힌다. 아침 해 올라온다. 황칠나무 이파리 위에 흘린 눈물방울이 마른다. 어지러운 세상살이의 세월은 서서히 부식된다. 가는 세월, 잊히는 기억이 아쉽다.

들국화

곽재구

사랑의 날들이
올 듯 말 듯
기다려온 꿈들이
필 듯 말 듯
그래도 가슴속에 남은
당신의 말 한마디
하루 종일 울다가
무릎걸음으로 걸어간
절벽 끝에서
당신은 하얗게 웃고
오래된 인간의 추억 하나가
한 팔로 그 절벽에
끝끝내 매달리는 것을
보았습니다.

개미취 종류 *Aster tataricus* 'Jindai'
사람 키 높이 정도로 자라는 개미취는 가을꽃의 상징인 국화과에 속하는 여러 들꽃 가운데
하나다. 꽃이 아름다워서 다양한 품종을 선발해 키운다.

찰스 다윈도 지구 상에 꽃 피는 식물이 갑자기 나타난 과정을 이해할 도리가 없다고 했다. 태곳적 침묵을 깨뜨리고 불현듯 솟아오른 꽃의 탄생은, 더없이 아름다운 사람들의 세상이 출현할 조짐이었다. 가을 들녘에 피어난 산국, 감국, 쑥부쟁이, 개미취의 꽃은 사람 사는 세상이 얼마나 아름다운지 깨닫게 한다. 들에 피어 그저 들국화라고 부르는 꽃들이다. 오래 기다려온 사랑의 꿈처럼 절벽 끝에 피어난 꽃 한 송이에서 사람의 내음을 찾는 건 어쩔 수 없으리라. 끝끝내 오래된 추억에 매달리게만 되는 가을이다.

시월

이문재

투명해지려면 노랗게 타올라야 한다
은행나무들이 일렬로 늘어서서
은행잎을 떨어뜨린다
중력이 툭, 툭, 은행잎들을 따간다
노오랗게 물든 채 멈춘 바람이
가볍고 느린 추락에게 길을 내준다
아직도 푸른 것들은 그 속이 시린 시월
내 몸 안에서 무성했던 상처도 저렇게
노랗게 말랐으리, 뿌리의 반대켠으로
타올라, 타오름의 정점에서
중력에 졌으리라, 서슴없이 가벼워졌으나
결코 가볍지 않은 시월
노란 은행잎들이 색과 빛을 벗어던진다
자욱하다, 보이지 않는 중력

은행나무 *Ginkgo biloba*
넓은 잎으로 보이지만, 여러 장의 가느다란 바늘잎이 붙어서 자란 독특한 모양의 잎을 가진
침엽수로, 우리나라를 비롯해 중국과 일본 등 동아시아 지역에서만 자생한다.

파란 하늘, 맑은 구름 사이로 은행잎이 초록의 빛깔을 벗는다. 노랗게 물든 은행잎 사이로 흰 구름 투명하게 비쳐든다. 나뭇가지 사이로 파고드는 바람이 은행잎 노란빛 앞에서 긴 숨을 몰아쉰다. 머뭇거리는 바람 따라 온 세상이 투명한 노란빛으로 타오른다. 그 사이, 나뭇가지 아래로 추락의 길이 놓이고 은행잎이 추락에 오른다. 잎의 느릿한 추락은 중력의 힘인가, 세월의 힘인가. 보이지 않는 낙엽의 이유가 사위에 자욱하다. 숲에서도 도시에서도 노란 은행잎, 발길에 밟히는 낙엽 따라 파란 시월이 깊어간다.

흔들릴 때마다 한잔

감태준

포장술집에는 두 꾼이, 멀리 뒷산에는 단풍 쓴 나무들이 가을비에 흔들린다 흔들려, 흔들릴 때마다 한잔씩, 도무지 취하지 않는 막걸리에서 막걸리로, 소주에서 소주로 한 얼굴을 더 쓰고 다시 소주로, 꾼 옆에는 반쯤 죽은 주모가 살아 있는 참새를 굽고 있다 한 놈은 너고 한 놈은 나다, 접시 위에 차례로 놓이는 날개를 씹으며, 꾼 옆에 꾼이 판 없이 떠도는 마음에 또 한잔, 젖은 담배에 몇 번이나 성냥불을 댕긴다 이제부터 시작이야, 포장 사이로 나간 길은 빗속에 흐늘흐늘 이리저리 풀리고, 풀린 꾼들은 빈 술병에도 얽히며 술집 밖으로 사라진다 가뭇한 연기처럼, 사라져야 별수없이, 다만 다 같이 풀리는 기쁨, 멀리 뒷산에는 문득 나무들이 손 쳐들고 일어서서 단풍을 털고 있다

단풍나무 종류 *Acer palmatum* 'Eddisbury'
가을에 붉게 물드는 단풍의 상징인 단풍나무는 줄기에 물기를 많이 머금어서 방화용 수목으로도
요긴하다. 단풍잎의 붉은색에는 해충 방제 성분이 있다.

땅거미 밀려오면 약속도 없이 하나둘 찾아가는 나무가 있었다. 사내들의 흙 묻은 바지 뒷주머니에선 가끔 소주병이 나왔다. 아무렇게나 나누는 술잔 위로 빨간 단풍잎이 내려앉으면 가을임을 알았다. 그 아름다운 나무를 베어냈다는 소식이 전해졌다. 비 많은 여름에 익숙해진 나무가 가을 가뭄을 견디지 못하고 생을 마쳤다는 이야기다. 나무와 함께 가뭇없이 사라지게 될 정겨운 추억이 안타깝다. 눈 감으면 베어낸 단풍나무가 잎을 후드득 털며 일어설 듯 눈에 선하다. 나무 주위에 어른대는 생로병사의 흐름이 안타깝다.

능소화

문성해

담장이건 죽은 나무건 가리지 않고 머리를 올리고야 만다
목 아래가 다 잘린 돼지 머리도 처음에는 저처럼 힘줄이 너덜거렸을 터
한 번도 아랫도리로 서본 적 없는 꽃들이
죽은 측백나무에 덩그랗게 머리가 얹혀 웃고 있다

머나먼 남쪽 어느 유곽에서도
어젯밤 그 집의 반신불수 딸이 머리를 얹었다고 한다
그 집의 주인 여자는 측백나무처럼 일없이 늙어가던 사내 등에
패물이며 논마지기며 울긋불긋한 딸의 옷가지들을 바리바리 짊어 보냈다고 한다

어디 가서도 잘 살아야 한다

우둘투둘한 늑골이 어느새 고사목이 되어도
해마다 여름이면 발갛게 볼우물을 패는 꽃이 있다

능소화 *Campsis grandiflora*
가지에 빨판이 있어 담벼락을 타고 오르는 덩굴 식물로, 여름에 빨간 꽃을 피운다. 꽃잎이 여러 개로 갈라졌지만, 아래쪽에서는 하나로 모인 통꽃이다.

홀로 서지 못하는 능소화는 담장이든 죽은 나무든 가리지 않고 타고 오른다. 덩굴 식물이라 부른다. 곁에 서 있던 것들이 힘에 겨워 지친 듯 보인다. 그러나 세월의 더께가 넌출길게 뻗어 나가 늘어진 식물의 줄기 위에 내려앉으면 오래전부터 하나였던 듯 미소 띤다. 꽃잎 안을 들여다볼라치면 목젖 드러내고 깔깔거리는 처녀 아이의 해맑은 웃음이 떠오른다. 머리를 올리고 즐거워하는 표정이 영락없다. 한여름이면 어김없이 볼우물을 파고 환히 웃음 짓는 능소화의 붉은빛은 여름 햇살만큼 뜨겁다. 늙고 지쳐도 사랑은 언제나 붉은빛이다. 살아 있는 모든 것들의 사랑 빛이다.

나이테를 위한 변명

나석중

그의 일생은 어느 여름날
심심해서 던진 물수제비의 흔적이 아니었다
그건 나무의 울음이었다
나무가 울고 간 파문이었다

붙박인 삶이라고
사는 것이 고만고만한 나무는
슬프고 괴로울 것 없을 것이라 단정하지만
뿌리는
하루에도 몇 리를 물 길러 나갔다 와서
끙끙 앓는 것이었다
생이 아파 우는 것이었다
저 수만 마리 이파리들이 뙤약볕 아래 나와
아우성치고 있었던 것이었다

그 우듬지에
새의 둥지를 무상으로 세 들이고 바깥소식을 듣긴 하지만
저 산 너머가 궁금하여

마음으로 가서 세상을 읽고 오는 것이었다

한 덩이 파문을 던져보는 것이 소원인
나무는

고욤나무 *Diospyros lotus*

감나무와 친척 관계인 나무로, 가을에 감과 비슷하지만 훨씬 작은 열매인 고욤을 맺는다. 감을 얻기 위해 감나무를 키울 때 접붙이는 대목臺木으로 활용한다.

나무줄기에 켜켜이 쌓인 세월의 더께만큼 나무 바로 앞에 돌무지 탑이 쌓였다. 그러나 쌓아 올린 돌무지만으로는 나무를 거쳐 간 세월의 깊이를 가늠할 수 없다. 새로 난 가지엔 젊음의 싱그러움이 담겼고, 오래된 둥치 위에 피어오른 푸른 이끼에는 늙음의 고단함이 드러난다. 붙박여 살아야 하건만 재 넘어가는 사람의 뒷모습 따라 산 너머 소식 궁금해 하염없이 까치발을 하고 살아온 부지하세월이다. 돌무지 탑에 쌓인 사람들의 소망들이 세월의 무게만큼 견고하다. 나뭇가지 위에 이끼가 점점이 꽃을 피운다.

어디서 또 쓸쓸히

최승자

쓸쓸히 한 하늘이
떠나가고 있습니다

쓸쓸히 한 세계가
지고 있습니다

어디서 또 쓸쓸히
꽃잎들은 피어나겠지요

바람은 여전히
불어 가고 있겠지요

(전격적인 무궁한
해체를 위하여)

(오늘도 새 한 마리
허공을 쪼아 먹고 있군요)

국수나무 *Stephanandra incisa*
줄기 안쪽의 조직이 잔치 국수처럼 굵고 하얀 나무로, 어른 키만큼 자란다. 봄에 옆으로
무성하게 펼치는 가지 위에서 노란 꽃이 피어난다.

한 장 뜯어내니 푸르던 달력에 붉은빛이 차오른다. 녹음에서 단풍으로의 변화는 극적이다. 비 많았던 한 계절이 쓸쓸히 떠난다. 여름 꽃들은 쓸쓸히 진다. 이곳을 떠나 다시 피어날 채비다. 어디선가 날아온 어린 새가 간당이는 한 장의 잎 위를 스치며 여린 부리로 허공을 쪼아댄다. 새의 보송한 깃털 사이로 가을이 파고든다. 계절 따라 시든 꽃, 시든 잎이 떠나간다. 새 잎, 새 꽃을 피우기 위해 모두 내려놓아야 할 때다. 무궁한 해체와 무진한 창조의 순환이다. 긴 투병 뒤에 돌아온 시인의 고통을 닮았다.

감나무에서 감잎 지는 사정을

오태환

감나무에서 감잎 지는 사정을
말해서 무엇하리
하, 몸의 귀 지천으로 창궐터니
귓불마다 진사辰砂무늬 철화鐵華무늬로
가생이를 두르며 쟁강쟁강 잉걸불 켜더니
참지 못하고
참지 못하고
지네들끼리 저 지경으로 붐비며 지는
사정을 더 말해 무엇하리
아슴아슴 꿈으로나 재우는
내 어린 첫사랑쯤 들키건 말건
검은 가지 곁가지 어름마다
하필이면 제일 깊고 투명한 하늘을 골라
무슨 참 독하기도 한 각운脚韻처럼
툭! 툭! 당기며 끊는
지네들 사정이야 말해 무엇하리

감나무 *Diospyros kaki*
우리나라를 비롯해 중국, 일본 등 동아시아 지역의 대표적인 과실수다. 열매도 좋지만 넓은 잎이나 활기 있게 뻗은 가지도 아름다운 나무다.

댕강댕강 꽃자루 없이 떨어진 감꽃은 실에 꿰어 예쁜 목걸이가 됐고, 꽃 진 자리에는 열매가 맺혔다. 후박한 초록의 감잎은 여름내 햇살과 바람을 모아 정성껏 열매를 살찌웠다. 가을바람 불어오자, 무성하던 감잎 젖히고 빠알간 감이 탐스러운 얼굴을 내밀었다. 잎에 주어진 소임은 다한 셈이다. 이제 잎잎이 온갖 무늬 띄우고, 낙엽 질 채비다. 한없이 투명한 하늘빛 툭, 툭 끊어내듯 가을빛 점점이 새긴 잎들이 땅 위에 사뿐히 내려앉는다. 한 해 노동의 수고를 열매에 모두 건네고 떨어지는 잎이 고맙다.

꿈꾸는 가을 노래

고정희

들녘에 고개 숙인 그대 생각 따다가
반가운 손님 밥을 짓고
코스모스 꽃길에 핀 그대 사랑 따다가
정다운 사람 술잔에 띄우니
아름다워라 아름다워라
늠연히 다가오는 가을 하늘 밑
시월의 선연한 햇빛으로 광내며
깊어진 우리 사랑 쟁쟁쟁 흘러가네
그윽한 산 그림자 어질머리 뒤로 하고
무르익은 우리 사랑 아득히 흘러가네
그 위에 황하가
서로 흘러 들어와
서쪽 곤륜산맥 열어놓으니
만 리에 용솟는 물보라
동쪽 금강산맥 천봉을
우러르네

코스모스 *Cosmos bipinnatus*

도시나 시골이나 가을바람 불어오면 어김없이 길가에서 피어나는 대표적인 가을꽃 중 하나다.
멕시코에서 오래전에 들여왔다. 풍광을 살리는 식물로 심어 키운다.

들길에 코스모스 꽃 한창인데, 기별 없던 손님이 찾아왔다. 반가운 마음에 그대 향한 그리움을 내려놓으니, 가을 추억이 한 아름 살아난다. 한 송이 코스모스 꽃이 가늣한 꽃대궁 위에서 그리움의 빛으로 붉다. 뜨겁지 않아도, 시월 들어 더 찬란해진 햇살 받고 피어난 꽃송이 따라 가을 추억이 일어난다. 그리움은 깊어진다. 팔랑대는 코스모스 여린 꽃잎 위에 추억이 아득히 내려앉는다. 바람 따라 흐르는 세월이 큰 물길 되어 곤륜산맥 너머로 넘실거린다. 지리산에 삶을 묻은 옛 시인을 고단하게 했던 사랑법이 그립다.

가을 하늘

김광규

구름 한 점 없이
파란 가을 하늘은
허전하다
땅을 덮은 것 하나도 없이
하늘을 가린 것 하나도 없이
쏟아지는 햇빛
불어오는 바람

하늘을 가로질러
낙엽이라도 한 잎 떨어질까 봐
마음 조인다

얼마나 오랫동안
저렇게 견딜 수 있을까
명령을 받고
싹 쓸어버리기라도 한 듯
구름 한 점 없이
파란 가을 하늘은
두렵다

굴참나무 *Quercus variabilis*
골이 세로로 깊게 지는 참나뭇과의 한 종류여서 '골참나무'라고 부르다가 나중에 '굴참나무'라는 새 이름을 얻었다. 키가 30미터에 이를 정도로 크게 자라는 나무다.

파란 가을이 들어앉은 하늘 가장자리에 굴참나무의 붉은 잎이 하늘하늘 닿았다. 구름 이불 살포시 덮은 나뭇잎 위로 쏟아지는 가을 햇살이 삽상하다. 나뭇잎 아래 나뭇가지를 스쳐 지나는 소슬바람은 싱그럽다. 겨울을 온전히 버텨내려면 여린 잎들은 뿌리에서 올라오는 물길을 막아야 한다. 마른 잎에 가을이 내려앉고, 서서히 낙엽 질 채비를 한다. 가을바람에 스러지는 게 모든 갈잎의 운명이거늘 낙엽은 언제나 스산하다. 잎잎이 가득하던 삶의 미련이 바람처럼 흩어진다. 새파란 하늘 앞에 굴참나무의 안부가 근심을 불러온다.

오동나무 안에 잠들다

길상호

천장을 바라보고 누워 있으면
낮 동안 바람에 흔들리던 오동나무
잎들이 하나씩 지붕 덮는 소리,
그 소리의 파장에 밀려
나는 서서히 오동나무 안으로 들어선다
평생 깊은 우물을 끌어다
제 속에 허공을 넓히던 나무
스스로 우물이 되어버린 나무,
이 늦은 가을 새벽에 나는
그 젖은 꿈으로 빠져드는 것이다
그때부터 잎들은 제 속으로 지며
물결로 나에게 말을 걸어온다
너도 이제 허공을 준비해야지
굳어버린 네 마음의 심장부
파낼 수 있을 만큼 나이테를 그려봐
삶의 뜨거운 눈물이 떨어질 때
잔잔한 파장으로 살아나는 우물,
너를 살게 하는 우물을 파는 거야

꿈에서 일어나 창문을 열면
몇 개의 잎을 발자국으로 남기고
오동나무 저기 멀리 서 있는 것이다

오동나무 *Paulownia coreana*
빠르게 자라는 특징을 가졌으며, 목재는 울림이 좋아 장구, 가야금 등 전통 악기를 만드는 데에 쓰인다. 오각형에 가까운 잎은 길이 30센티미터가 될 만큼 크게 자란다.

가을을 불러온 오동나무 잎사귀가 가을을 안고 허공으로 흩어진다. 떨어지는 오동나무 잎사귀 따라 가을이 차곡차곡 내려앉는다. 한 잎 두 잎 허공으로 떠나면 사람의 마을에 가을이 깊어진다. 낙엽은 사람 사는 세상을 스쳐 지나는 계절의 발자국 소리를 지붕 위에 차곡차곡 쌓는다. 물결치듯 흐르는 나뭇잎 따라 가을이 지나간다. 삶의 뜨거운 추억들이 눈물 되어 흩어진다. 가을 오동나무는 낙엽으로 발자국을 남기고 멀어져간다. 맥없이 떨어진 오동잎 베고 누워 오래 잠들고 싶은 시월도 낙엽처럼 차갑게 무너앉는다.

나무의 철학

조병화

살아가노라면
가슴 아픈 일 한두 가지겠는가

깊은 곳에 뿌리를 감추고
흔들리지 않는 자기를 사는 나무처럼
그걸 사는 거다

봄, 여름, 가을, 긴 겨울을
높은 곳으로
보다 높은 곳으로, 쉬임없이
한결같이

사노라면
가슴 상하는 일 한두 가지겠는가

전나무 *Abies holophylla*
우리나라 전국의 깊은 산에서 잘 자라는 나무로, 추위는 잘 견디지만 공해에는 약한 탓에 도시에서는 기르기 어렵다. 고급 목재로도 이용하지만 풍치수로 더 많이 키운다.

살아 있는 동안 아프지 않은 생명이 어디 있겠는가마는, 나무는 모든 아픔을 이겨냈다. 부러지고 찢긴 가지 적잖아도 나무는 상승의 본능으로 지상의 조건을 초월했다. 하늘 끝에 가지를 걸어 올린 지리산 금대암의 전나무. 육백 년 동안 나무는 오로지 태양이 낸 빛의 길을 따랐다. 가을에도 푸른 잎 떨어뜨리지 않는 그의 자태는 견고하다. 그러나 그 역시 작은 바람에도 어쩔 수 없이 흔들려야 하는 지상의 생명이다. 사람처럼 그가 겪은 가슴 아픈 일, 마음 상하는 일이 어디 한두 가지뿐이었겠는가. 끝내 사람이 닿을 수 없는 40미터 높이에서 피어낸, 전나무 가지 끝에 걸린 바람의 향기, 생명의 정체가 궁금하다. 비상의 본능이 솟구치는 이유다.

단식하는 광대

진은영

얼마나 더
여윈 가지 위에 올라야
집요하게 흔들릴까

얼마나 더
높은 가지 위에 올라야
집요하게 괴로울까

빽빽하게 들어선 침엽수림 위로

어둠이
거대한 초콜릿바처럼
솟아올랐다

개잎갈나무 *Cedrus deodara*
히말라야 지역이 고향이어서 '히말라야시다'로 많이 불리는 나무다. 높고 크게 자라는 고깔형의 생김새가 아름다워 주로 풍치를 가꾸기 위해 심는다. 우리나라에는 1930년대부터 심었다.

히말라야 지방이 고향인 히말라야시다는 하늘을 찌를 듯 높게 자란다. 여느 나무 못지않게 나뭇가지도 풍성하다. 세계 3대 조경수 가운데 하나다. 경남 하동의 어느 솔숲에서 히말라야시다를 만난 적이 있다. 빽빽하게 들어선 소나무가 주인인 숲에서, 그는 겨우 가장자리를 차지했다. 그늘 넓어도 찾아드는 이 없다. 얼마나 더 높이 오르고, 얼마나 더 푸르러야 사람의 눈길을 모을 수 있을까. 히말라야시다는 깊은 고요, 짙은 어둠 속에서 떨고 있었다. 나무 그늘에 드리운 히말라야시다의 고독을 잊을 수 없다.

나와 나무와

조향미

나와 나무와 햇빛뿐이다
어린 동백 잎사귀는 햇빛에 반짝이고
목련나무는 가지 끝에 보품한 솜눈을 달았다
마른풀도 돌멩이도 잠잠한 언덕길
할머니 한 분 허리 굽히고
천천히 그 길 지나간 뒤
나도 나지막한 싸리나무 한 그루로
길 옆에 가만히 서 있었다
언덕에는 나무와 햇빛뿐이다

목련 품종 *Magnolia* 'Spring Rite'
봄의 대표적인 전령사로 불리는 나무다. 꽃의 색깔에 따라 백목련, 자목련으로 나뉜다. 노란색 꽃을 피우는 황목련도 있지만 우리나라에는 자생하지 않는다.

푸르던 잎, 붉은 노을 모두 떠남을 준비해야 할 시간이다. 길 위엔 저 홀로 반짝이는 햇살 한 줌만 꿈틀거리며 겨울을 일으킨다. 바짝 마른 풀잎 위에 바람 따라 날아온 낙엽이 내려앉는다. 개울 소리 따라 길 위를 방랑하던 돌멩이도 침묵에 들었다. 인생의 무게를 등에 지고 언덕을 오르는 노인의 굽은 허리춤으로 시린 바람이 스친다. 살아 있는 모든 것들이 침묵이다. 도톰한 동백나무 잎 위에서 반짝이던 햇살이 정처 없는 나그네의 발걸음에 앞장선다. 길 위엔 오직 햇빛과 나무뿐이다. 길섶의 목련 가지 끝에 보송한 솜털에 싸인 꽃봉오리가 향긋이 부풀어 오른다. 봄을 기다리며 벌써 돋아난 목련 꽃봉오리가 서글퍼지는 입동 아침이다.

순례

박진성

저녁 내내 나무와 나무 사이를 헤매던 그대가 돌아와 이마를 내 쪽으로 눕힐 때 그대가 산책한 것이 아니라 길이 그대의 고요를 훑었다는 생각,

어둠이 강물처럼 촘촘히 창문에 잠긴다 고단한 사람들은 며칠째 술기운으로 잠들고 아무것도 찾지 못한 이들은 나무 너머로 뿔뿔이 흩어진다

울분이 돌아누우며 밤새 흔들리며 나무에 그늘을 얹는다 그러나 울분도 내 것이 아니어서 그대의 것도 아니어서 천천히 그대는 내 손을 잡고 나무 밑으로 간다

발작도 발열도 빛나지 못해 다만 침묵에 숨결 맡기는 시절이 흘러간다 그대가 가리키는 손가락 끝에서 강물이 빛난다

나무에서 물고기를 찾겠다던 그대 손바닥 반짝이는 소리 빙그르르 나뭇잎에서 헤매다 뚝, 뚝, 떨어져서 파문을 일으켜서 나는 심장 옆에 강을 하나 가졌다

민박집에서 몇 달, 나는 물고기를 닮은 시를 쓰기 시작했다

탱자나무 *Poncirus trifoliata*
가지에 돋는 억센 가시 때문에 산울타리로 많이 쓰인다. 강화도 이남 지역에서 자라는 나무인데,
최근의 기후 변화로 강화도보다 북쪽에서도 자생한다.

추석에 찾았던 고향 집 울타리 탱자나무는 날카로운 가시조차 푸근했다. 일상으로 되돌아온 도시는 말끔하지만 온통 날 선 가시투성이다. 고향의 푸근함은 없다. 우울과 분노가 탱자나무 가시처럼 바짝 일어선다. 노을빛에 물든 도시의 저녁, 나무 밑에서 고향 마을 어귀의 느티나무를 그려본다. 길가에 줄지어 선 나무와 나무 사이에는 깊은 적막이 들어찼다. 나무들 사이로 바람 불고, 세월 흐른다. 피로에 지치고, 술에 취한 모든 그대들과 손잡고 싶다. 새벽이 올 때까지 어둠 속에서 다시 걸어야 한다.

허공이 키우는 나무

김완하

새들의 가슴을 밟고
나뭇잎은 진다

허공의 벼랑을 타고
새들이 날아간 후,

또 하나의 허공이 열리고
그곳을 따라서
나뭇잎은 날아간다

허공을 열어보니
나뭇잎이 쌓여 있다

새들이 날아간 쪽으로
나뭇가지는,
창을 연다

팽나무 *Celtis sinensis*
느티나무와 함께 남부 지방의 농촌에서 정자나무로 많이 쓰는 나무다. 생김새도 느티나무와 매우 비슷하지만, 나뭇가지가 느티나무에 비해 배배 꼬이며 뻗는다.

갯내음 싣고 다가온 서풍이 차갑다. 철 지난 바닷가의 고즈넉한 산사에 우뚝 선 할배나무의 가지 끝에서 나뭇잎이 떨어진다. 바람 따라 낙엽 따라 계절이 빠르게 흐른다. 나뭇잎 떨어진 자리에 허공이 열린다. 오도카니 남아 있던 나뭇잎이 허공에 사선을 긋고 낙하한다. 인적 드문 절집 마당에 낙엽이 쌓인다. 나뭇가지 사이로 파란 그리움의 창이 열린다. 방조제로 가로막힌 만경강 하구, 김제 망해사에서는 늙은 팽나무를 할배나무라고 부른다. 잎 떨어뜨리고 바다 쪽으로 할배나무가 연 허공의 창이 허허롭다.

벼락 키스

김언희

벼락을 맞는 동안

나무는 뭘 했을까

번개가 입속으로

치고 들어가 자궁을

뚫고 나오는 동안

벼락에 입술을 대고

느티나무 *Zelkova serrata*
마을 어귀나 한가운데에 천연의 정자로 이용하기 위해 심어 키운다. 그늘이 깊고 짙은 데다,
바람이 잘 통해서 느티나무 정자에는 모기나 개미도 잘 들어오지 않는다.

나무가 벼락을 맞았다. 마을 한가운데에 서서 온몸으로 벼락을 받아냈다. 벼락을 맞으며 나무가 정말 사람의 마을, 사람의 안위를 걱정했을까. 나무 꼭대기에 닿은 벼락은 줄기를 타고 뿌리까지 파고들었다. 온몸이 새까맣게 타버렸다. 그리고 부러졌다. 부러져 죽은 채로 살았다. 사람의 마을에 내린 벼락을 대신 맞고 장렬한 죽음을 맞이한 나무를 사람들은 버리지 않았다. 꽃도 잎사귀도 가지도 없이 나무는 사람의 마을 중심에서 시커멓게 타버린 몸뚱아리를 드러냈다. 사람의 눈길이 오래 머무른다. 나무는 죽어도 죽지 않는다.

입추

조운

봄 가고
여름도 가고
이제는 또 가을이다

누구라 하나
곱다는 이 없것만은

철없는 이 마음은
오는 철 가는 철에
무엇을 이리도 기다리노?

지는 꽃을
지는 꽃을
어떻게 합니까
꾀꼬리가 운대도
모르는 척하고
저 혼자 지는 꽃을
어떻게 합니까.

큰꽃으아리 *Clematis patens*

그늘보다는 볕이 좋은 숲 가장자리에서 잘 자라는 덩굴 식물이다. 봄볕 무르익으면 지름 15센티미터 크기로 피어나는 꽃이 아름다워 울타리 장식용으로 많이 키운다.

여름 가면 가을꽃 피어난다. 지난 계절에 피었던 꽃이 자리를 내줄 시간이다. 찌는 볕 아래, 울타리를 타고 환장할 만큼 화려하게 피었던 으아리 꽃이 소리 없이 시들었다. 여름의 끝자락을 붙들고 기억 저편으로 떠날 채비다. 꽃 울타리 따라 분주히 오가는 청설모의 법석도, 꾀꼬리의 지저귐도 모른 척하고 고요히 떨어지는 꽃 따라 여름의 꼬리가 간당인다. 잔인했던 비바람 흩어지고 가을 향한 그리움이 깊어졌다. 가을이 우뚝 서는 입추다. 그러나 아직 한낮 햇살을 받아내는 맨얼굴은 쓰리다. 가을 기다리는 여름 아침의 철없는 마음은 하릴없다.

새 옷 입는 법

문정희

새로 핀 꽃에서 어머니를 만나네
나에게는 어린아이가 많다네
꽃들이 옷 입는 법을
새로 가르쳐주면
새 옷 입고 사운사운 시를 쓰겠네

이 도시가 악어들의 이빨로 가득해도
이만하면 살 만하다네
우리는 모두 고향을 버리고 온 새
그래도 혼자가 아니라네
아침이 또 찾아왔잖아
새 길이 내 앞에 누워 있잖아
고통과 쓸쓸함이 따라다니지만
부드러운 비가 어깨를 감싸주는 날도 있지
새로 또 꽃은 피어
눈부시게 옷 입는 법을 가르쳐주고
새들은 풀잎 같은 혀로 시 짓는 법을 들려주네
나무들은 몸으로 춤을 보여주네

아무래도 나는 사랑을 앓고 있는 것 같네
악어들이 검은 입을 벌린 이 도시
왜 자꾸 새 옷을 차려입고 싶은지
왜 자꾸 사운사운 시를 짓고 싶은지

향나무 *Juniperus chinensis* 종류
나무줄기에서 짙은 향이 나는 까닭에, 향을 얻기 위해 심어 키우는 나무다. 어린 가지에서는 바늘잎이 나지만, 오 년 넘은 가지에서는 물고기 비늘 모양의 잎이 난다.

고향 집 어머니를 찾아갈 참이다. 고향 떠나와 악어 이빨 가득한 도시를 잠시 벗어날 때다. 가슴속에 문신처럼 박힌 고향 생각이, 처음 떠나오던 그날처럼 흐느적 춤춘다. 고향 길은 하냥 느리지만 지루하지 않다. 고향 버리고 온 모두가 함께 오른 길이어서다. 어머니의 품 안으로 파고드는 길이다. 달력을 짚어 고향 가는 날을 헤아린다. 흐트러진 앞단추를 여미고 소담하게 피어난 가을꽃을 바라본다. 새로 핀 꽃 안에 늙은 어머니의 고운 미소가 담겼다. 추석을 앞두고 자꾸만 새 옷을 차려입고 싶어지는 건, 고향 집 어머니가 그립기 때문이다.

고향으로 돌아가자

이병기

고향으로 돌아가자. 나의 고향으로 돌아가자,
암 데나 정들면 못 살리 없으련마는,
그래도 나의 고향이 아니가장 그리운가,

방과 곡간들이 모두 잿더미 되고,
장독대마다 질그릇 조각만 남았으나,
게다가 움이라도 묻고 다시 살아봅시다,

삼베 무명옷 입고 손마다 괭이 잡고,
묵은 그 밭을 파고 파고 일구고,
그 흙을 새로 걸구어 심고 걷고 합시다.

탱자나무 *Poncirus trifoliata*
오월쯤 잎보다 먼저 피어나는 하얀 꽃이 여느 봄꽃 못지않게 아름다운 나무다. 가을에 맺는 열매는 향기가 좋지만 먹지 않고 약재로 쓴다.

말들이 춤을 춘다. 가시 되어 상처를 입히기도 하고, 화살로 날아가 심장에 꽂히기도 한다. 말의 고향으로 돌아가고 싶다. 그곳에서 말과 글은 어머니의 품처럼 따뜻하리라. 그리운 사람에게 마음 건네기 위해 말과 글이 태어난 고향이다. 전북 익산 원수리에는 한글의 고향으로 버텨온 가람 이병기 선생의 생가가 있다. 백척간두에 선 우리 말과 글을 지키려 홀연히 떠났던 그의 집이다. 선생의 정신 따라 그 집 초가 정자 앞에 서 있는 탱자나무의 날 선 가시에 온몸을 아낌없이 내던져야 할 때다.

낙엽

안경라

생각을 비우는 일
눈물까지 다 퍼내어 가벼워지는 일

바람의 손잡고 한 계절을
그대 심장처럼 붉은 그리움 환하게
꿈꾸지 않으면 갈 수 없는 길

가을날 저물 무렵
단 한 번의 눈부신 이별을 위해
가슴에 날개를 다는 일

다시 시작이다.

벚나무 *Prunus serrulata* var. *spontanea*
봄에 희미한 연분홍빛 꽃을 한꺼번에 화사하게 피워 대표적인 봄 나무로 불린다. 일본 사람들이 좋아하는 나무이지만 고향은 우리나라 남부 지방이다.

투명한 나뭇잎 사이로 가을 햇살이 지나간다. 봄부터 애면글면 지어온 양식을 세상의 모든 생명에게 나눠주고 가벼워진 가을 잎이다. 시름도 눈물도 다 퍼내고 눈부신 이별을 준비한다. 흙에서 길어 올린 물과 바람을 타고 온 햇살로 살아온 잎이, 이제 바람을 타고 흙으로 돌아간다. 잎은 나무를 떠나지만 나무는 잎을 떠나보내지 않는다. 가지 위에서 그랬던 것처럼 낙엽 되어서도 나무의 양식이기 때문이다. 잎은 고이 썩어서 새 삶의 자양분이 된다. 썩어 뭉개진 낙엽의 힘으로 나무는 긴 겨울을 지내고 다시 피어날 꽃망울을 키운다. 죽음으로 삶을 키우는 변증의 생명이다.

11월

김남극

거친 사포 같은 가을이 와서
슥슥 내 감각을 갈아놓고 갔다
사포의 표면이 억센 만큼
갈린 면에 보풀이 일었다
그 보풀이 가랭이를 서늘하게 만드는 바람에
스닥일 때마다
몸속에서 쇳소리가 났다
내가 서걱거리면
몸속에 든 쇠종이 윙윙거렸다
몸이 통째로 울림통이 되고
사지를 벗어난 소리가 먼 산 나무를 흔드는
11월
갈린 감각에 날이 서길 기다리며
마을 어귀에 오래 서 있었다

소나무 *Pinus densiflora*
줄기에서 붉은빛이 돌아 '적송赤松'이라고도 부른다. 잣나무와 생김새가 닮았는데, 가늘고 긴 잎이 두 장씩 모여 나면 소나무, 다섯 장씩 모여 나면 잣나무다.

소슬바람, 찬비 따라 가을이 흘러간다. 시월 지나 십일월, 달력 한 장 차이로 사람살이의 무게가 사뭇 무거워졌다. 코앞에 겨울이 다가왔기 때문이다. 어쩔 수 없다. 환한 햇살, 울긋불긋한 단풍, 모두 내려놓아야 한다. 오색찬란하던 나무들이 그렇게 잎을 떠나보낸다. 늘 푸른 소나무에 깃든 시월의 파란 하늘도 저물었다. 가늘어진 햇살 따라 온 감각을 활짝 열어젖혀야 추위를 이겨낼 수 있다. 무뎌진 감각에 날이 서길 기다려야 하는 계절이다. 오래전 동무들의 안부가 궁금하다. 그대의 찬 손, 따뜻한 가슴이 그리워지는 겨울로 들어서는 길목, 십일월이다.

석남사 단풍

최갑수

단풍만 보다 왔습니다

당신은 없고요, 나는
석남사 뒤뜰
바람에 쏠리는 단풍잎만 바라보다
하아, 저것들이 꼭 내 마음만 같아야
어찌할 줄 모르는 내 마음만 같아야
저물 무렵까지 나는
석남사 뒤뜰에 고인 늦가을처럼
아무 말도 못한 채 얼굴만 붉히다
단풍만 사랑하다
돌아왔을 따름입니다

당신은 없고요

단풍나무 *Acer palmatum*
아기 손바닥 모양으로 갈라진 잎이 특징이다. 잎의 길이가 5센티미터 남짓에 5~7개로
갈라졌으면 단풍나무, 10센티미터 길이에 9~11개로 갈라졌으면 당단풍나무다.

고요한 산사에 단풍잎 붉다. 찬바람 따라 더 붉어진 단풍잎 바라보며 첫사랑의 기억을 떠올리는 건 하릴없다. 파란 하늘가에 저녁노을 곱게 물들 때까지 단풍나무 앞에 서서 잎잎이 고인 세월의 빛을 끄집어낸다. 한나절 지나 눈자위까지 붉어지는 건 단풍 탓인가, 그리움 탓인가. 단풍잎 붉게 타오르는 산사에선 누구라도 지나온 옛일을 그리워하게 된다. 흩날리는 단풍잎에서 길어 올린 옛 추억만 아무 말 없이 바라본다. 사람 없는 산사에서 고요히 단풍만 바라보았지만, 마음엔 사람 생각이 한가득 들어찼다.

나무

이형기

나무는
실로 운명처럼
조용하고 슬픈 자세를 가졌다.

홀로 내려가는 언덕길
그 아랫마을에 등불이 켜이듯

그런 자세로
평생을 산다.

철 따라 바람이 불고 가는
소란한 마을 길 위에

스스로 펴는
그 폭넓은 그늘……

나무는
제자리에 선 채로 흘러가는
천년의 강물이다.

왕버들 *Salix grandulosa*
버드나무의 한 종류지만 수양버들처럼 가지가 늘어지지 않는다. 흔히 마을 한가운데에 정자나무로 심어 키운다. 줄기가 잘 썩기 때문에 가운데를 텅 비우고 살아남은 나무가 많다.

사람보다 먼저 나무가 있었다. 처음 뿌리 내린 그 자리를 지켜야 하는 건 그의 운명이다. 나무를 찾아든 짐승은 잎을 갉아먹고, 열매가 맺히기를 기다렸다. 언제나 도도하게 하늘로 치솟아 오르지만, 나무는 모든 것을 내어주고 홀로 슬프다. 사람도 나무를 찾아왔다. 사람은 머무르는 자리마다 나무를 심으며 수천의 세월을 보냈다. 사람 사는 곳 어디라도 나무 없는 곳은 없다. 나무가 아름답게 살 수 있는 곳이 사람도 평화롭게 살 수 있는 곳이다. 비바람, 눈보라 몰아쳐도 나무는 꼼짝 않고 제 속살에 차곡차곡 세월을 쌓는다. 말없이 서서 천년의 역사를 담는다.

순간의 거울 2
─가을 강

이가림

가랑잎 하나가
화엄사 한 채를 싣고
먼 가람으로 떠난 뒤

서늘한
기러기 울음
후두둑 떨어져
물거울 위를
점자點字인 양 구른다

노을 타는
단풍밭
보랏빛 이내에 묻히고

깊은 하늘의 이마에 걸린
가버린 누이의 눈썹
그 그늘에 이슬들
아롱아롱 맺힌다

가랑잎 하나가
가을의 끝
한 줌 허무를 신고
먼 어둠으로 떠난 뒤

백목련 *Magnolia denudata*

목련 가운데 흰 꽃을 피우는 백목련은 자목련보다 열흘쯤 먼저 피어난다. 잎 나기 전에 탐스러운 꽃을 피워서 무척 화려하고도 상서로운 느낌을 주는 나무다.

무성하던 잎을 죄다 떨구었는데, 생의 미련을 채 버리지 못한 가랑잎 한 장이 백목련 가지 끝에 남아 파르르 떤다. 가을 가뭄에 목이 마른 가랑잎도 바짝 말라 붉게 상기됐다. 한 해 노동의 짐을 채 덜어내지 못하고 매달린 가랑잎에 가을의 끝이 살랑인다. 한없이 가벼워진 잎 하나에 지리산 깊은 골 화엄사만큼 깊은 표정과 무게가 담겼다. 세상의 모든 저녁 풍경을 닮아 숱하게 많은 곡절을 간직한 한 잎의 속내다. 기러기 울음 몰고 온 바람은 차고, 붉게 물든 갈잎들 우우 떨어지는 가을 숲이 보랏빛으로 물든다.

봄, 여름, 가을, 겨울

이경임

새가 날아갈 때 당신의 숲이 흔들린다

노래하듯이 새를 기다리며 봄이 지나가고
벌서듯이 새를 기다리며 여름이 지나가고

새가 오지 않자
새를 잊은 척 기다리며 가을이 지나가고

그래도 새가 오지 않자
기도하듯이 새를 기다리며 겨울이 지나간다

봄, 여름, 가을, 겨울이 무수히 지나가고

영영 새가 오지 않을 것 같자
당신은 얼음 알갱이들을 달고 이따금씩 빛난다

겨울 저녁이었고 당신의 숲은
은밀하게 비워지고 있었다

비자나무 *Torreya nucifera*
우리나라 남부 지방에서 자생하는 상록성 큰키나무다. 목재는 탄력이 좋고, 세밀한 가공이 가능해 고려 때부터 궁궐 건축에서 최상급의 목재로 여긴 귀한 나무다.

사람들 사이에 가을이 깃들었다. 개똥지빠귀 한 쌍이 초록의 나뭇잎 위에 가을빛을 떨어뜨리고 파란 하늘로 날아오른다. 나무는 언제나 사람보다 한 걸음 먼저 계절을 맞이한다. 생명의 노래를 불러제끼던 봄도, 벌서듯 뙤약볕을 견뎌낸 여름도 무사히 보냈다. 꽃도 잎도 모두 내려놓아야 하는 가을이다. 깊어가는 가을 숲에 안도의 적막감이 감돈다. 소슬바람 일어나고 하늘 향해 두 팔 벌린 나무는 말없이 겨울을 준비한다. 나무 따라 사람들 사이에도 가을이 깊숙이 스민다. 나무처럼 겨울을 생각해야 할 때다.

천년 수도승

여자영

하늘 문 두드리고 있다
동네 어귀에 뿌리 내린
늙은 느티나무 하나

늘 침묵의 그늘은
지나는 사람들에 등을 내주고
땀도 식혀주었다

붙박이로 살아온 한평생
저승꽃 핀 몸속에
쇠똥구리 혹을 매달고 있다

높고 외롭고 고단했음으로
그의 자리는
오히려 눈부시다

빈 하늘 온 세상
이고 사는
천년 수도승이여

느티나무 *Zelkova serrata*
우리 민족의 삶과 가장 오랫동안 가깝게 지낸 나무다. 전국에서 잘 자라는데, 공해와 소금기에
약해서 해안 지방이나 도시에서는 키우기 어렵다.

나무처럼 살고 싶다는 건 나무가 긴 세월 동안 겪어낼 고통까지 달게 받겠다는 마음이다. 나무는 꼼짝 않고 한 자리에 붙박여 수천의 세월을 보낸다. 곁을 지나는 누구에게라도 그늘을 내준다. 누구라도 품어 안는 데 인색하지 않다. 비바람, 눈보라 피하지 않고 말없이 스쳐 보내야 한다. 그래서 푸른 하늘 아래 나무는 외롭고 고단하다. 희끗희끗한 저승꽃, 퉁퉁 불어터진 옹이를 잔뜩 매달고도 나무는 죽지 않는다. 백척간두에서도 진일보 하는 수도승의 용맹 정진을 닮았다. 나무의 삶이 한없이 눈부신 까닭이다.